Katharina Müller-Wagner
Katja Hönisch-Krieg
Beate Bosse

Buchstaben-werkstatt

Arbeits- und Übungsmaterialien
zum Lese- und Schreiblehrgang

Materialband 3

Gedruckt auf umweltbewusst gefertigtem, chlorfrei gebleichtem und alterungsbeständigem Papier.

1. Auflage 2003
Nach der Neuregelung der deutschen Rechtschreibung
© by Persen Verlag GmbH, Horneburg 2003
Alle Rechte vorbehalten
ISBN 3-89358-**843**-4

Inhaltsverzeichnis

Einführung: Die Materialbände
der Buchstabenwerkstatt 4

G Didaktischer Hinweis,
Dinge im Tastsack 8
G/g Buchstabenschablone 9
Lesetext mit Bildern:
Die goldene Gabel 10
Arbeitsblätter..................... 11
Sprech-, Mal- und Schreibanlass 17
Bastelvorschlag:
Gipsherz; Geburtstagstorte 18

Sch Didaktischer Hinweis,
Dinge im Tastsack 19
Sch/sch Buchstabenschablone 20
Lesetext mit Bildern:
Scheckis Reise ins Schlaraffenland..... 21
Arbeitsblätter..................... 22
Sprech-, Mal- und Schreibanlass 28
Gedicht, Auszählvers: Der Traum...... 29
Bastelvorschlag: Das Schaf Schecki 30
Bastelvorschlag: Schafe aus Salzteig ... 31
Bastelvorschlag: Schattentheater 32
Rezeptvorschlag:
Scheckis Schlemmerauflauf 33
Rezeptvorschlag: Schoko-Hasen 34

J Didaktischer Hinweis,
Dinge im Tastsack 35
J/j Buchstabenschablone 36
Lesetext: Eine besondere Jacke 37
Arbeitsblätter..................... 38
Sprech-, Mal- und Schreibanlass 42
Rezeptvorschlag: Jogurtkuchen 43

Au Ei Eu
Didaktischer Hinweis,
Dinge im Tastsack 44
Au/au Buchstabenschablone 45
Lesetext: Tina wünscht sich ein Auto.... 46
Lied 47
Arbeitsblätter..................... 48
Sprech- und Schreibanlass 51
Rezeptvorschlag:
Auflauf; Ausstecherle aus Mürbeteig ... 52
Ei/ei Buchstabenschablone 53
Lesetext: Ein ganz besonderes Eis 54
Arbeitsblätter..................... 55
Sprech- und Schreibanlass 61
Rezeptvorschlag:
Obstsaft-/Erdbeer-Leckeis, Orangeneis . 62
Eu/eu Buchstabenschablone......... 63
Lesetext mit Bildern: Geisterstunde..... 64
Arbeitsblätter..................... 65
Sprech- und Schreibanlass 68
Bastelvorschlag:
Eulen-Gespenster-Mobile........... 69
Rezeptvorschlag: Tag-Nacht-Kuchen.... 71

V Didaktischer Hinweis,
Dinge im Tastsack 72
V/v Buchstabenschablone 73
Lesetext mit Bildern: Der kleine Adler ... 74
Arbeitsblätter..................... 75
Sprech- und Schreibanlass 80
Bastelvorschlag: Vogelmobile 81
Rezeptvorschlag: Vanillesoße auf
Orangengelee; Vogelnester 82

Ü Ä Ö
Didaktischer Hinweis 83
Ü/ü Buchstabenschablone 84
Lesetext: Überfall 85
Arbeitsblätter..................... 86
Sprech-, Mal- und Schreibanlass 89
Bastelvorschlag: Räubermaske 90
Rezeptvorschlag: Überraschungstorte... 91
Ä/ä Buchstabenschablone 92
Lesetext:
Die Geschichte von Arthur Ärmel...... 93
Arbeitsblätter..................... 95
Sprech-, Mal- und Schreibanlass 97
Ö/ö Buchstabenschablone 98
Lesetext: Die Geschichte vom Ö 99
Arbeitsblätter.....................100
Sprech- und Schreibanlass 102

C Qu X Y
Didaktischer Hinweis 103
Lesetext:
Die übrig gebliebenen Buchstaben ...104
C/c Buchstabenschablone 105
Arbeitsblatt 106
Sprech- und Schreibanlass 107
Bastelvorschlag: Clown und Co......108
Qu/qu Buchstabenschablone 109
Arbeitsblatt 110
Bastelvorschlag: Qualle (Windspiel) ..111
X/x Buchstabenschablone 112
Arbeitsblatt 113
Y/y Buchstabenschablone 114
Arbeitsblätter.....................115

**Äu/äu – eu, ie – ß – ck,
ng/nk – sp – st – tz**
Didaktischer Hinweis 118
Äu/äu Buchstabenschablone 119
Äu/äu Arbeitsblätter 120
ie – Arbeitsblätter.................122
ß Buchstabenschablone 128
ß – Arbeitsblätter.................129
ng – Arbeitsblätter.................131
ck – Arbeitsblätter.................135
sp – Arbeitsblätter.................138
st – Arbeitsblätter.................141
tz – Arbeitsblätter.................143

Kennst du das Alphabet? 145

Die Materialbände der Buchstabenwerkstatt

Die Buchstabenwerkstatt ist ein umfassender, übersichtlich strukturierter Lehrgang zum Lesen- und Schreibenlernen. Sie ermöglicht jeder Lehrerin und jedem Lehrer ohne Mehrarbeit eine Berücksichtigung individueller Lernfähigkeiten und Arbeitsgeschwindigkeiten der Kinder. Das zentrale Lern- und Arbeitsmittel ist dabei die speziell für diesen Lehrgang entwickelte Anlauttabelle (s. Grundband, S. 10).
Die Buchstabenwerkstatt besteht aus dem Grundband sowie den Materialbänden 1, 2 und 3.

Das Gesamtwerk im Überblick:

Grundband: Anlauttabelle, Buchstabenformen mit Merkversen, Geschichten und Arbeitsblätter zur Einführung aller Buchstaben

Materialbände: Arbeits- und Übungsmaterial zur systematischen Festigung des Lernstoffs. Die Materialbände liefern eine Vielfalt an sofort einsetzbarem Arbeitsmaterial zu jedem Buchstaben sowie fächerübergreifende Vorschläge im gestalterischen, musischen und sportlichen Bereich, zum Kochen und zum Spielen.

Materialband 1: M/m, A/a, L/l, I/i, T/t, O/o, S/s, E/e, R/r, U/u, D/d
Materialband 2: N/n, B/b, H/h, F/f, W/w, Z/z, K/k, P/p, Ch/ch
Materialband 3: G/g, Sch/sch, J/j, Au/au, Ei/ei, Eu/eu, V/v, Ü/ü, Ä/ä, Ö/ö, C/c, Qu/qu, X/x, Y/y, Äu/äu, ie, ß, ng/nk, ck, Sp/sp, St/st, tz

Vorgehensweise und Arbeitsmaterialien

Wie schon im Grundband (Best.-Nr. **840-X**) erläutert, erfolgt der Einstieg in die Arbeit am Einzelbuchstaben durch den so genannten **Tastsack**. Die Kinder sitzen im Kreis. Der undurchsichtige Sack mit kleinem Schlupfloch (z. B. Kopfkissenbezug), der möglichst viele Gegenstände zum Buchstaben enthält, wird herumgereicht und die Kinder erfühlen/erraten den Inhalt. Hierbei bieten sich verschiedene Varianten an:
1. Jedes Kind erhält den von ihm erratenen Gegenstand, zeigt und benennt ihn und legt diesen dann auf einem für alle einsehbaren Sammelplatz ab.
2. Jedes Kind merkt sich still seinen Gegenstand. Am Ende der Runde werden die ertasteten Dinge benannt und gut sichtbar zentral gesammelt.

Ziel dieser Übung ist, dass der im Anlaut akustisch wahrgenommene und diskriminierte Laut zusätzlich auf der haptischen und optischen Ebene verankert wird.
Weitere wichtige Übungen zu diesem Zeitpunkt sind:
- Satzbau/ -bildung mit den Tastsack-Gegenständen im freien Gespräch;
- Silbentrennung bzw. Wortrhythmisierung durch Klatschen, Klopfen usw. zur Schulung der Unterscheidungsfähigkeit von Wortlängen;
- Buchstabenpositionierung und Hördifferenzierung im Wort (Reihenfolge: Anfang – Ende – Mitte).

Erst jetzt wird die Form des Großbuchstabens vorgestellt. Zur Sicherung des vorgegebenen Bewegungsablaufs muss die Schriftentwicklung in den folgenden Unterrichtseinheiten genau beobachtet und bei Bedarf korrigiert werden. Abwicklung, Einprägung und Üben der Form erfolgen multisensorisch durch:

- Merkvers, begleitet von grobmotorischen Bewegungen (s. Grundband);
- Prickvorlagen/Buchstabenkonturen in Prick-Technik (Formen nachstechen mit einer Pricknadel);
- große Ausmalschablonen zum Zeigen, Nachspuren, Ausmalen, Bedrucken, Bekleben mit verschiedenen Materialien;
- Ertasten, blindes Erraten der Form (Buchstaben aus Holz, beklebte Buchstabenschablonen mit Sandpapier, Teppichboden u.a. – s. Didaktische Hinweise).

Wenn die Form des Buchstabens verinnerlicht ist, wird er mit seiner individuellen **Geschichte** (s. Grundband) verknüpft.
Das auf der Anlauttabelle abgebildete Logo spielt in diesen Texten eine zentrale Rolle.
Die Darbietung in freier Erzählform hinterlässt bei den Kindern erwiesenermaßen einen nachhaltigen Eindruck und bietet durch freie Wortwahl die Möglichkeit der Anpassung an das Niveau der einzelnen Schülerinnen und Schüler. Gleichzeitig können unmittelbare Reaktionen und Kommentare der Kinder gut aufgegriffen werden. Zur Untermalung und Veranschaulichung eignen sich Handpuppen, Schattentheater u.a. Hierfür werden in den Materialbänden Schablonen, Bastelvorlagen usw. angeboten.
Beim Nachspielen, Erzählen und im freien Gespräch erfolgt sowohl die Verständniskontrolle als auch die Festigung des Geschichtsinhalts.

In dieser Phase konnten wir bei den Kindern einen außerordentlich hohen Motivationsgrad beobachten, die gewonnenen Eindrücke in freier Form selbst schriftlich zu formulieren. Unter Zuhilfenahme der Anlauttabelle können nun nach individuellem Leistungsstand Texte produziert werden, bei denen die Genauigkeit der Inhaltswiedergabe im Vordergrund steht.
Der orthographisch korrekten Schreibweise soll jedoch zu diesem Zeitpunkt auf keinen Fall Wichtigkeit beigemessen werden, um die Schreibfreude und den Schreibfluss nicht im Keim zu ersticken; lautorientierte Schreibungen werden akzeptiert. Sie richten sich nach dem individuellen Sprachentwicklungsstand und der Aussprache (auch nach dem regionalen Dialekt) des Kindes. In der Regel variieren die Schreibprodukte innerhalb eines Klassenverbandes stark hinsichtlich Genauigkeit und Umfang.

Auch wenn die Schülerin oder der Schüler nur wenig oder überhaupt nicht selbst lesen kann bzw. noch nicht laut vorlesen will, findet Lesen statt. Durch das selbst geleitete und individuelle Schreiben entstehen „innere Wortkonstruktionen", die nicht nur das Schreiben, sondern ebenso das Lesen erforderlich machen und die Lesefähigkeit als solche entwickeln. Abzulehnen ist hier eine vergleichende Bewertung der Schreibergebnisse! In diesem Stadium ist es wichtig, dass jedes Kind größtmögliche Bestätigung und Beachtung bezüglich seiner Schreibprodukte erfährt – auch innerhalb der Klasse. Solange eine Schülerin oder ein Schüler nicht bereit ist, seinen Text selbst vorzulesen, übernimmt die Lehrkraft diese Aufgabe.
Jede Lehrerin und jeder Lehrer ist nach kurzer Zeit in der Lage, die „Skelettschreibungen" flüssig zu interpretieren.

Im Anschluss erhalten die Schülerinnen und Schüler Arbeitsmaterialien, beginnend mit dem **Einführungsblatt zum Großbuchstaben** (Grundband), auf dem die Form und der motorische Ablauf in vorgegebener Lineatur und unterschiedlicher Größe trainiert werden. Wichtig ist die Einhaltung der Begrenzungen bei flüssigem Bewegungsablauf (möglicher Wettbewerb: schönstes Blatt o.Ä.). Auf dieselbe Weise erfolgt die motorische und optische Einführung des Kleinbuchstabens (s. Grundband). Bereits nach 3–4 Unterrichtseinheiten sind die Kinder in der Lage, die Aufgaben weitgehend alleine in Freiarbeit zu bewältigen.
Die multisensorische Verankerung erfolgt mit den Arbeitsblättern (Materialbände 1, 2 und 3), sowie durch tägliche (sehr wichtig!) akustische Differenzierungsübungen. Die auf den ersten Blick rein spielerisch und themenfremd erscheinenden Aufgaben fördern erwiesenermaßen kognitive Teilleistungen, die für den störungsfreien Erwerb von Lesen und Schreiben unabdingbar sind.
Eine unterschiedliche Gestaltung der Arbeitsblätter mit wechselnden Einstiegsformen und

variierenden Aufgabenstellungen soll monotones, unreflektiertes Abarbeiten ausschließen. Es wurde sorgfältig darauf geachtet, dass jede Buchstabeneinheit Übungen für verschiedene kognitive Bereiche enthält.

Die individuellen Leistungen klaffen bei Erstklässlern im akustischen Bereich weit auseinander. Form und Umfang der sprachlichen Ausdrucksfähigkeit eines Kindes geben nicht zwingend Aufschluss über den Entwicklungsstand der akustischen Differenzierung. Die häufig unerkannten Defizite auf diesem Gebiet führen direkt in die Problematik bei der Alphabetisierung.

Viele Schülerinnen und Schüler mit Rechtschreibschwächen haben diese Entwicklungsstufe nur unvollständig durchlaufen. Deshalb sollten die angebotenen Hörübungen zur akustischen Differenzierung sorgfältig und lückenlos bearbeitet werden. Tägliches Üben in den ersten Unterrichtsmonaten ist unabdingbar und sichert einen störungsfreien Schriftspracherwerb.

Didaktisch-lernpsychologischer Hintergrund der verschiedenen Übungen:

Kognitive Fähigkeiten werden gezielt trainiert durch:
- **Paare suchen:** Detailunterscheidung, Raum-Lage-Richtungserkennung, optisches Formen-Gedächtnistraining, Erlernen systematischer Vorgehensweisen und Lösungstechniken;
- **Linien nachspuren/folgen:** Auge-Hand-Koordination, vorausschauendes Denken, Schulung kontinuierlicher Augenrichtungs-Bewegung, Einüben der Aufmerksamkeitskonstanz;
- **sprechen – hören:** Lautdifferenzierung, Lautdiskriminierung, Gehörschulung, spätere Positionszuweisung des Einzellauts im Wortverbund (Anfang - Ende - Mitte);
- **klatschen – sprechen:** Automatisieren der Sprachrhythmisierung für die Wortzerlegung und den silbenstrukturierenden Wortaufbau beim Schreiben, Positionszuweisung im Wortgesamtgefüge, akustisch-motorische Verknüpfung, Koordination von Sprache (Klang, Satzmelodie) und Motorik;
- **falsches Bild suchen:** Trainieren von Detailunterscheidungsfähigkeit, Formerkennung und Formdifferenzierung, Schulung des Kurzzeitgedächtnisses;
- **grafische Muster ausmalen/Muster fortsetzen:** Einübung von feinmotorisch flüssigen Bewegungsabläufen, Rhythmisierung von richtungsorientierter Motorik, Raum-Lage-Größen-Richtungsunterscheidung;
- **Bilder vervollständigen:** Unterscheidung/Zuordnung von Formen und Details unter Beachtung von Raum, Lage, Größe und Vollständigkeit;
- **Suchbilder:** örtliche Zuweisung von Details innerhalb einer komplexen Umgebung, ausgrenzen und vergleichen;
- **Lieder, Gedichte, Auszählverse, Rätsel:** Erhaltung und Förderung der kindlichen Spiel-, Lern- und Singfreude, Auflockerung des Unterrichts und der Lernatmosphäre, Verankerung und Festigung des Lernstoffs;
- **Sprech- und Schreibanlass:** diese Arbeitsblätter bilden den Abschluss der jeweiligen Buchstabenlerneinheit. Sie greifen die Metaebene der Geschichte auf und knüpfen einen Bezug zu den persönlichen Emotionen, Bedürfnissen und dem Lebensumfeld des Kindes. Die Blätter sollten von den Schülerinnen und Schülern mit besonderer Sorgfalt ausgestaltet und als Geschichtensammlung in einem persönlichen Ordner archiviert werden. Die frei erstellten Texte dokumentieren in regelmäßigem Abstand die Entwicklung des Schriftspracherwerbs. Sie eignen sich sehr gut für eine vergleichende Leistungsbeurteilung und können zur Fehleranalyse herangezogen werden. So findet Lernzielkontrolle auf spielerische und motivierende Weise statt. Weiterhin bieten diese Arbeitsblätter der Lehrkraft die Möglichkeit, Einblick in die seelische Befindlichkeit eines Kindes zu bekommen.

Wichtig: Die lautorientierte Schreibweise nach individuellem Wissensstand steht im Vordergrund; die Blätter werden **nicht** nach orthographischen Regeln korrigiert! Schülerinnen und Schüler sollten sich jedoch nach besten Kräften bemühen „schön" (nach traditionellem Verständnis) und klar strukturiert zu schreiben. Unter diesem Aspekt ist auch die grafische Gestaltung zu sehen (Wettbewerbe, Prämierungen, Vergleiche der Arbeiten).

Die Kinder haben jederzeit Zugriff auf die Anlauttabelle. In unserem Lese- Schreiblehrgang stellt diese das zentrale Arbeitsmittel im Sinne eines Handwerkszeugs für den täglichen Einsatz dar. Sie wurde deshalb nach Gesichtspunkten der Einfachheit, Übersichtlichkeit, Eindeutigkeit, Ansprechbarkeit und Ähnlichkeitshemmung erstellt.

Erfahrungsgemäß genügt vielen Kindern bei der Bearbeitung ihrer Aufgaben schon nach kurzer Zeit ein kontrollierender Blick auf eine der gut sichtbar aufgehängten großformatigen Anlauttabellen.

Didaktischer Hinweis

G

Eine formal richtige Ausführung der Schreibweise des Großbuchstabens gelingt vielen Kindern erst nach intensiven, zusätzlichen Übungseinheiten. Grobmotorische Kreisbewegungen mit Bändern, Keulen o. Ä. sowie Mal- und Schwungübungen auf großen Flächen unterstützen die Einprägung der Schreibrichtung und fördern die körperliche Wahrnehmung von Form, Lage und Ausrichtung. Kinder kommen schneller zu einer flüssigen Schreibweise durch feinmotorische Übungen wie Malen, Nachfahren oder Legen von Schneckengirlanden, kreisförmigen Umrissfiguren, Spiralformen usw.

Für Schülerinnen und Schüler mit Defiziten in der Raumorientierung sind zusätzliche Schreibübungen empfehlenswert, um die Lage des Groß- und Kleinbuchstabens auf der dreigeteilten Lineatur klar abzugrenzen und sicher einzuprägen.

Zur Vermeidung späterer Rechtschreibfehler muss die akustische und optische Abgrenzung zum „K" sichergestellt werden. Dies erfolgt z. B. durch Suchen von Korrelaten im Satzkontext (Kabel – Gabel, Kunst – Gunst). Die Problematik der Ähnlichkeitshemmung sollte jedoch bei solchen Übungen beachtet werden.

Die Buchstabengeschichte soll anregen, Märchen selbst zu erfinden und zu erzählen.

Der Themenbereich „groß – klein" kann unter vielen verschiedenen Aspekten erarbeitet werden: Größenunterschiede erkennen und zuordnen, reale Größen einschätzen, maßstabgerechte Darstellungen usw. Dazu gehören auch: der Umgang mit Lineal und Zollstock, Längen schätzen, messen oder zeichnen, Strecken und Entfernungen vergleichen.

Bastelvorschläge: Geburtstagskalender, Gipsabdrucke, Gießarbeiten aus Kunstharz, Granulatschmelzbilder, Goldfolien-Bastelarbeiten.

Die Buchstabenschablone kann mit Gold- oder Alufolie beklebt werden.

Buchvorschläge:

H. Müller: Arbeitsblätter zur optischen Differenzierung, Bd. 1-3, Persen, Horneburg ⁶2001.

A. Rix: Den Stift im Griff, Persen, Horneburg 2001 (Spielhandlungen zur Schulung der Grafomotorik).

Dinge im Tastsack

Gabel	Glas
Geige	Glocke
Gespenst	Glühbirne
Gießkanne	Goldfolie
Geldbeutel	Golfball
Geschenkpapier	Golfschläger
Gewehr	Gurke
Gips	Griff
Giraffe	Gummiband
Girlande	Gummihandschuh

ග

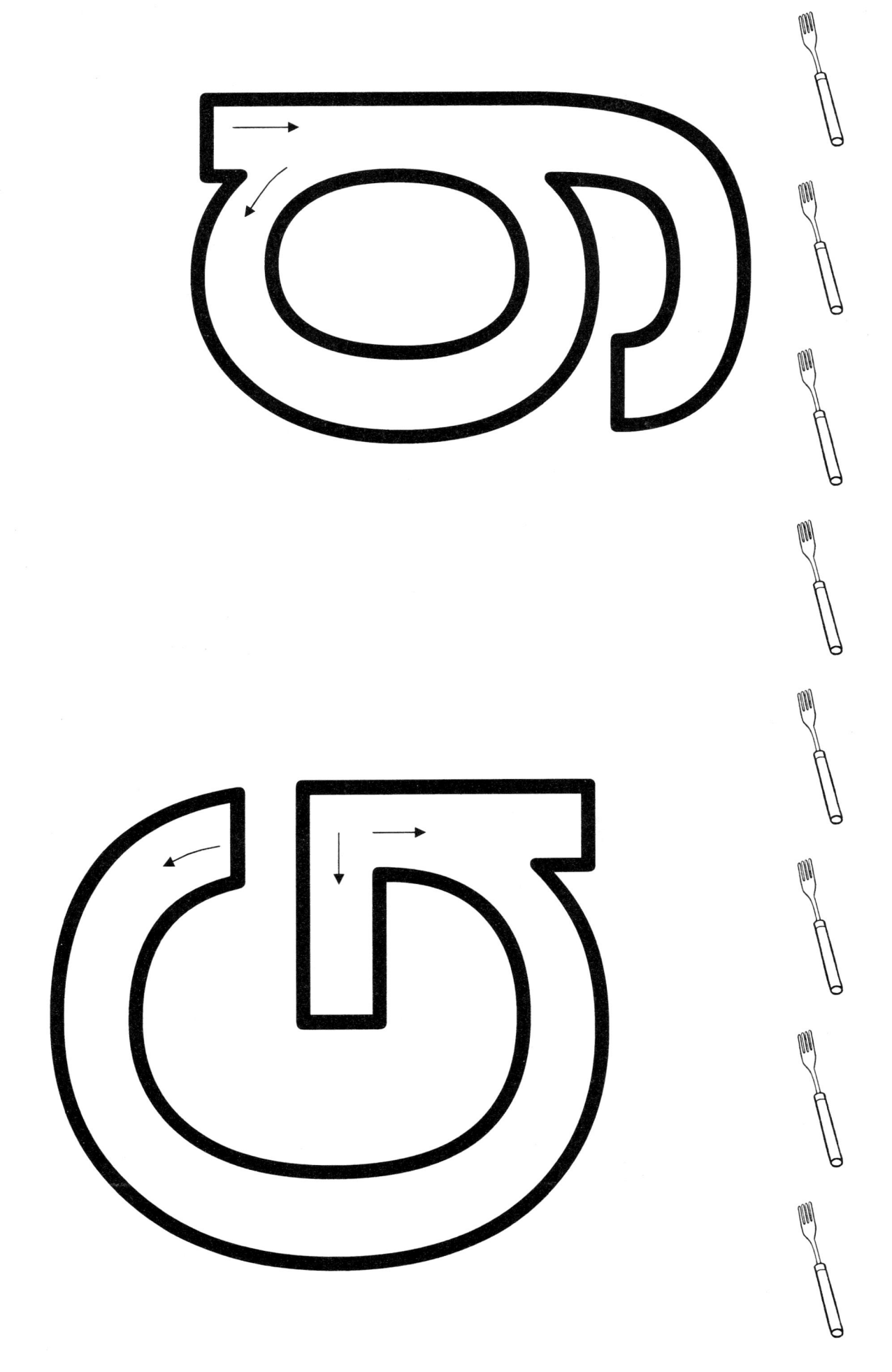

ඩ

9

Die goldene Gabel

Große Aufregung im Schloss:

Eine goldene Gabel ist verschwunden!

Gertrud, die Dienerin des Königs, ist verzweifelt und

Gustav, der Koch, tröstet sie.

Keiner weiß, dass die goldene Gabel aus

Versehen im stinkenden Abfall auf der Müllhalde

gelandet ist.

Traurig denkt sie an ihr schönes Leben im Schloss.

Oh, wie gemütlich hatte sie es dort auf dem Tisch

zwischen feinen Servietten und funkelndem Geschirr.

Viele Wochen vergehen.

Die goldene Gabel ist inzwischen grau, matt und

schmutzig geworden.

Eines Tages wird sie durch Kinderstimmen geweckt.

Eine kleine Hand packt sie und schon ist sie in

einem dunklen Rucksack verschwunden.

„Hurra - hurra, ich bin gerettet!", jubelt die Gabel.

Aber ...

1.) **g** hören, ankreuzen (Anfang / Ende / Mitte)
2.) 14 Wörter finden, umkreisen, lesen
3.) Wörter mit Artikel schreiben

1)

2) Welche Wörter findest du?

IPJT**BURG**AKEZIGABELMSBGITARRELKHSLGLASOIGELPDI

HTIGERSEWAZWERGJGANSHGEVOGURKEPABXEGELDKA

EWBFREGENFDBERGPUHTJKWEGOHJRHEGIRAFFEPRASI

3)

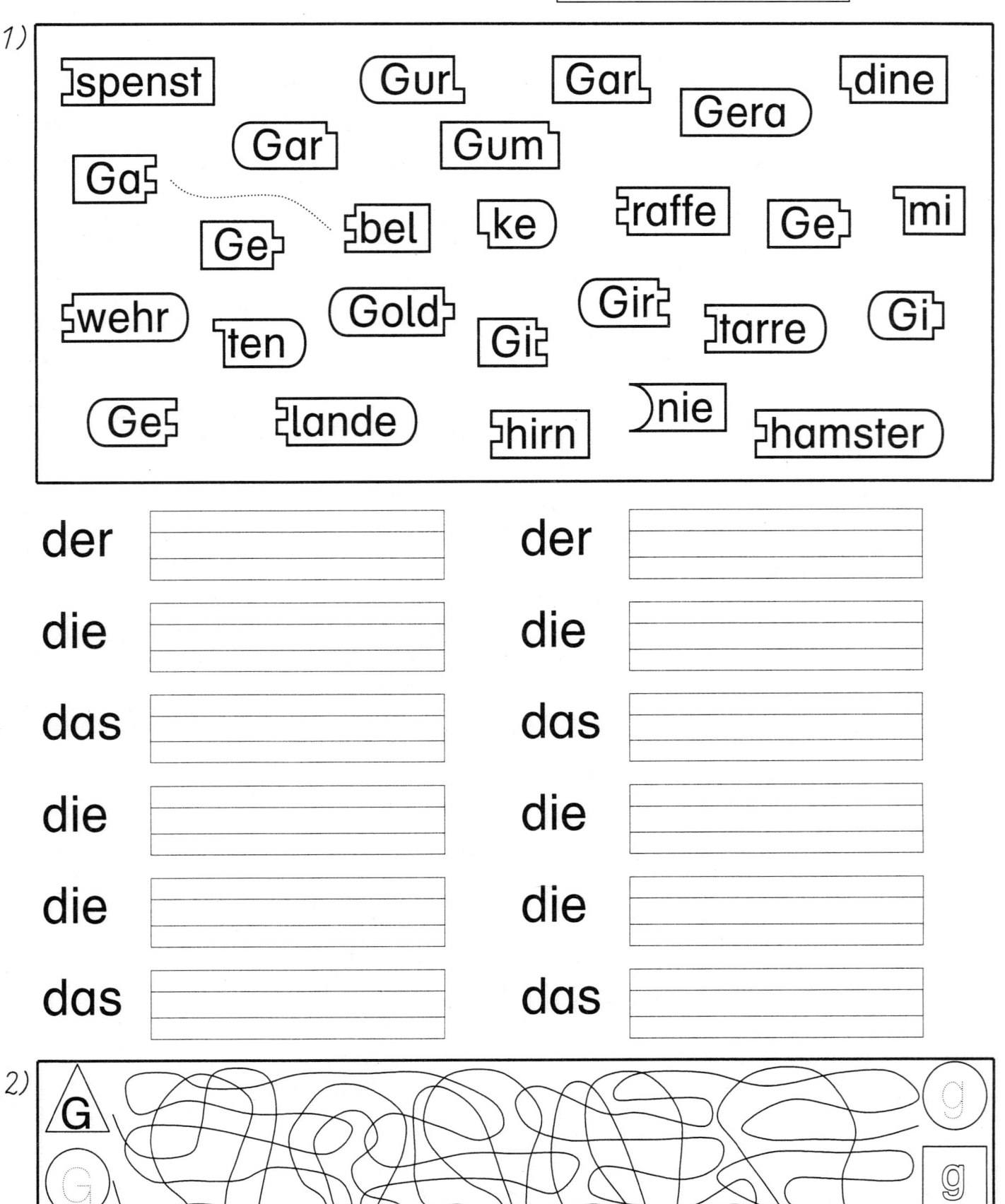

1.) Wörter zusammensetzen, schreiben – Artikel beachten
2.) passende Buchstaben farbig verbinden

1)

spenst   Gur   Gar   dine
   Gar   Gum   Gera
Ga   raffe   Ge   mi
   Ge   bel   ke
wehr   Gold   Gir   Gi
   ten   Gi   tarre
Ge   lande   hirn   nie   hamster

der _____   der _____
die _____   die _____
das _____   das _____
die _____   die _____
die _____   die _____
das _____   das _____

2) G   g   G   g   G   g

1.) lesen, suchen, verbinden
2.) **G** – Wörter schreiben
3.) 7 Gabeln suchen und ausmalen

1)

Lieblingsessen der Kühe:	Gitarre
Zum Einkaufen brauchst du es:	Gespenst
Etwas Gesundes zum Essen:	Gehirn
Es macht Musik:	Glas
Das Armband ist aus:	Gold
In der Nacht ist es wach:	► Gras
Damit schießt der Jäger:	Gurke
Sie trägt ein Federkleid:	Gewehr
Ein Fenster ist aus:	Geld
Das hast du in deinem Köpfchen:	Gans

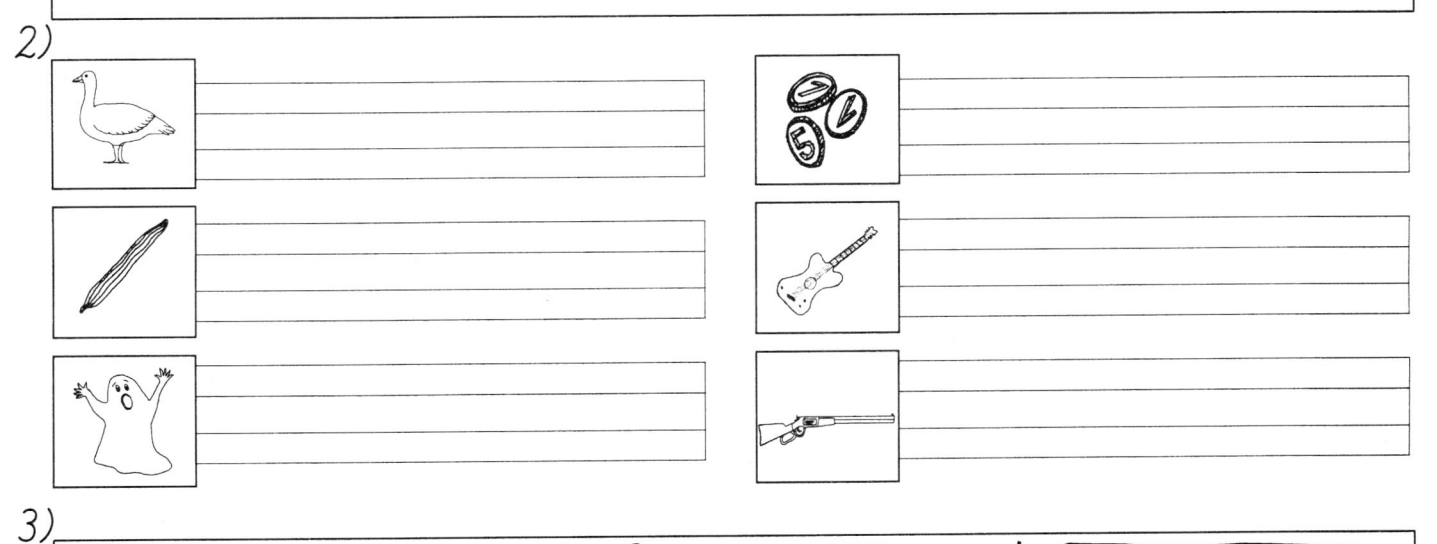

2)

3)

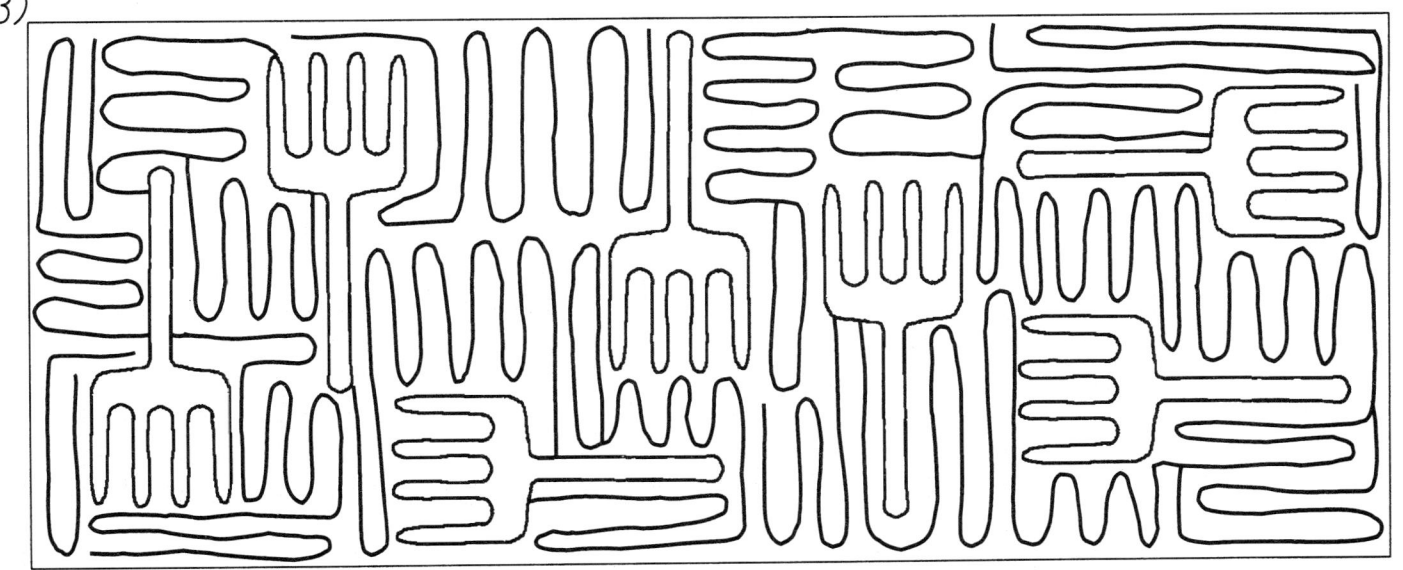

13

1.) g - k unterscheiden, einsetzen
2.) Verben ausschneiden, zuordnen, ins Heft schreiben

1)

Ti g er   Papa _ ei
Schau _ el   I _ el
Ber _   Wol _ e
Flie _ e   Zu _
Re _ en   Ha _ en
Ra _ ete   Ku _ el

x	g
g	g
g	k
g	k
g	k
g	k

2)

- den Draht
- die Wahrheit
- den Koffer
- die Wurst
- den Gehweg
- im Bett
- den Lehrer
- am Knochen
- ein Puzzle
- im Wettkampf

- tragen
- liegen
- fegen
- legen
- wiegen
- fragen
- siegen
- sagen
- biegen
- nagen

1.) ausfüllen und malen

Wünsche zum Geburtstag:
Glück + Gesundheit
Geschenke + Geld

Geburtstage in meiner Familie:

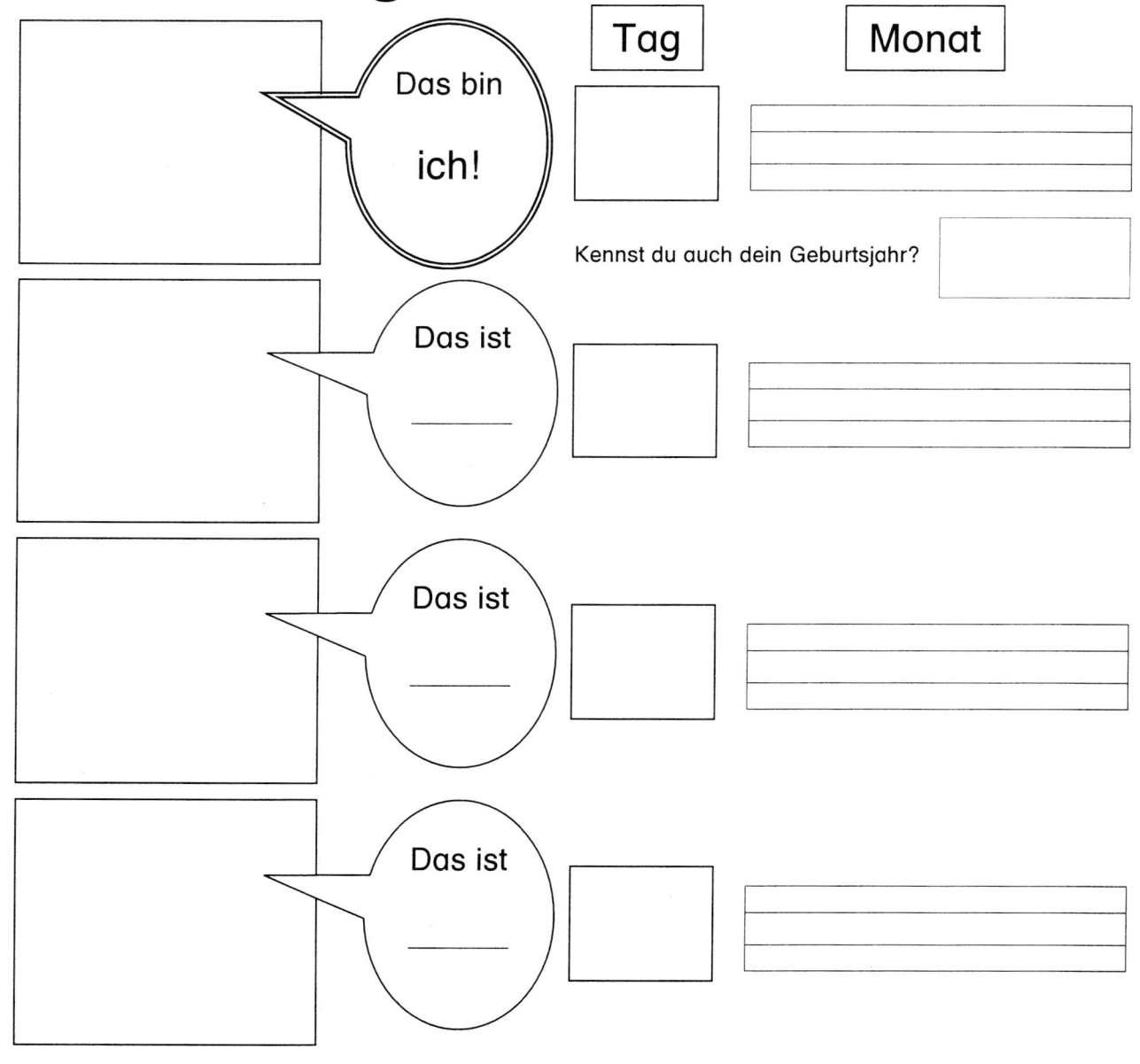

Tag   Monat

Das bin ich!

Kennst du auch dein Geburtsjahr?

Das ist ___

Das ist ___

Das ist ___

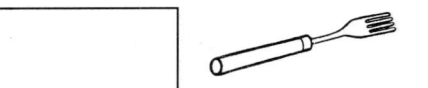

1.) zuordnen: 14 große Gegenstände rot umkreisen,
18 kleine Gegenstände blau umkreisen

groß

klein

Sprech-, Mal-, Schreibanlass

Geburtstag, Geschenke, Freundinnen und Freunde

_____

_____

_____

_____

_____

_____

Bastelvorschlag / Rezeptvorschlag

Gipsherz

Benötigtes Material:

fester, biegbarer Karton
Gips
Dispersionsfarbe, Glitterpulver
Klarlack

Arbeitsanweisung:

1. Schneide aus dem Karton 2 Streifen (30 cm lang/ 3 cm breit).
2. Klebe sie an den beiden kurzen Seiten mit Klebeband aneinander und forme ein Herz daraus.
3. Klebe die Herzform auf einen festen Karton, rühre das Gipspulver nach Anleitung an und gieße die Herzform damit ca. 2 cm hoch aus.
4. Drücke deine Hand in den Gips, bevor er hart wird.
5. Lass das Gipsherz 1-2 Tage trocknen. Bemale es mit Farbe, lackiere es und streue Glitter über den feuchten Lack.

Das Herz ist ein schönes Geschenk für deine Eltern, Großeltern und Freunde.

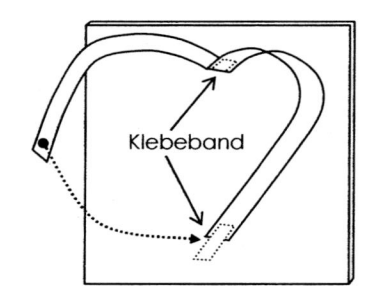

Geburtstagstorte

Zutaten:

1	Tortenboden
2	Becher Sahne
2	Päckchen Gelatine
3 EL	Kakaopulver
50 g	geriebene Mandeln
1	Glas Orangensaft (0,2l)

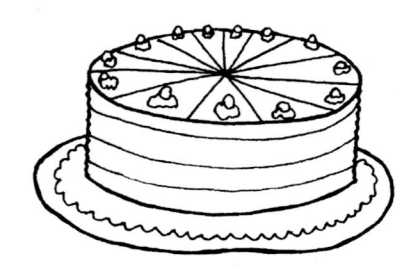

Zubereitung:

1. Halbiere den Tortenboden. Nimm die obere Hälfte als Belag, die untere Hälfte als Boden.
2. Lass die Gelatine im Orangensaft vorquellen. Erwärme dann den Saft unter ständigem Rühren bis die Gelatine aufgelöst ist und stelle die Masse kalt.
3. Zerkrümle die obere Hälfte des Tortenbodens.
4. Schlage die Sahne sehr steif. Gib dann löffelweise den Orangensaft dazu.
5. Hebe Kakaopulver, Mandeln und zuletzt die Kuchenkrümel unter die Sahne.
6. Streiche die Masse als Halbkugel auf den Tortenboden und stelle die Torte ca. 1 Stunde kalt.

Didaktischer Hinweis

Sch

Das dreigliedrige Graphem Sch/sch kann in der Anfangsphase durch einen unterstreichenden Verbindungsbogen gekennzeichnet werden. Vielen Schülerinnen und Schülern erleichtert dies während des Leselernprozesses das Erkennen der Zusammengehörigkeit der Buchstaben.
Parallel dazu sollte man bei jedem Kind auf die sprachlich korrekte Lautanbildung achten. Bei auftretenden Sprachfehlern empfiehlt sich frühzeitig die Einbeziehung eines Sprachtherapeuten bzw. einer Sprachheilschule, um eine Manifestation der falschen Aussprache zu vermeiden.
Lautlich muss sch deutlich von ch abgegrenzt werden. Regionale Dialekte, in denen sch als ch ausgesprochen wird (und umgekehrt), erfordern diesbezüglich besondere Beachtung.
Die richtige Reihenfolge der drei Buchstaben kann durch spielerische Übungen (legen, stempeln, Spiegelschrift) gefestigt werden.
Im Schreibanlass werden die Lieblingsgerichte der Kinder thematisiert. Spezialitäten, Sitten und Bräuche anderer Länder können durch unterrichtsübergreifende Aktivitäten in den Fachbereichen Textiles Gestalten, Bildende Kunst, Musik, aber auch anhand von Film- und Bildmaterial den Kindern vorgestellt werden.
Bastelvorschläge: Mit der beigefügten Schablone Schaf können ohne großen Aufwand Klassenbilder, Tischkarten, klappbare Grußkarten oder Fensterbilder hergestellt werden. Sie können mit Wolle, Seidenpapierkügelchen, Watteböllchen beklebt oder in Farbtupftechnik (Finger, Schwamm) bemalt werden. Sehr beliebt sind auch Schneebilder, Scherenschnitte und Schattenprofilbilder (mit dem Tageslichtprojektor werden die Kopfprofile der Kinder auf die Wand übertragen, nachgefahren und anschließend schwarz ausgemalt und ausgeschnitten).
Ein kahler Ast wird verziert mit vielen bunten Schleifen aus Geschenkband zum dekorativen Schleifenbaum. Gleichzeitig trainieren die Kinder Schleifen zu binden.
Spielvorschläge: Schattentheater, Würfelspiele mit Schlaraffenpreisen, Wurst schnappen, Schokoladentafeljagd (Würfel, Handschuhe, Schal, Mütze, Messer und Gabel) usw.
Fächerübergreifende Themenvorschläge: „Meine Schule" (erkunden, Grundriss zeichnen), „Mein Schulweg" (beschreiben, malen), „Mein Schulranzen" (Ausstattung, Ordnungskriterien) usw.
Die Buchstabenschablone kann mit Schnur beklebt werden.

Dinge im Tastsack

Schachfigur	Schirm	Schnuller
Schachtel	Schlange	Schnur
Schaf	Schleife	Schokolade
Schal	Schlitten	Schraube
Schalter	Schloss	Schuh
Schatztruhe	Schlumpf	Schuhlöffel
Schaufel	Schlüssel	Schwamm
Schaukel	Schmetterling	Schwein
Schere	Schnecke	Schwert
Schiene	Schnorchel	Schwimmbrille

Sch   sch

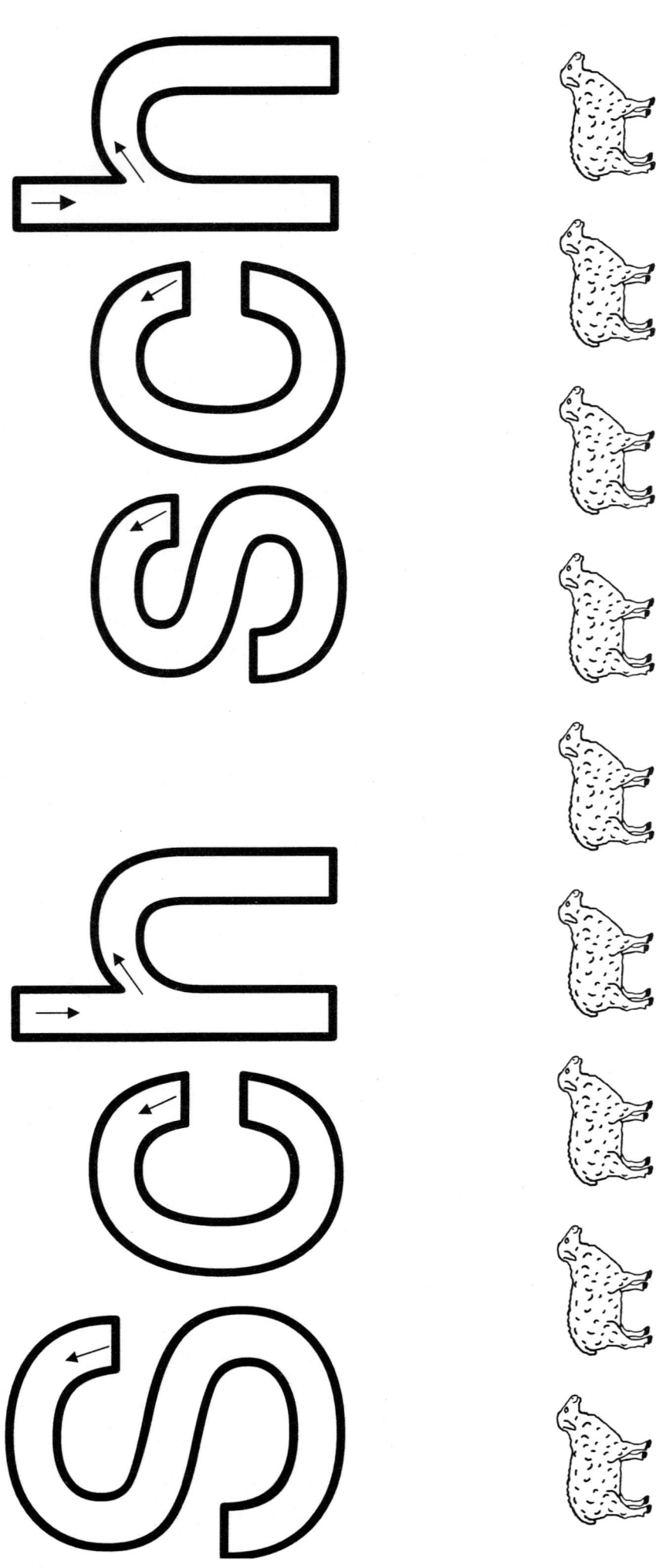

Lesetext mit Bildern

Scheckis Reise ins Schlaraffenland

Das Schaf Schecki und die Schildkröte Lilo haben Langeweile.

Sie träumen von einem Urlaub. Die Schildkröte erzählt von der Familie Regenwurm, die gerade in dem wunderschönen Schlaraffenland war.

Das Schaf und die Schildkröte wollen auch dorthin reisen.

Aber das alte Schaf kann nur langsam laufen und schon bald hat die Schildkröte keine Lust mehr zu warten.

Alleine macht sich Schecki auf die Suche.

Wo liegt das Schlaraffenland?

Es fragt die Kinder in der Schule.

Aber die kennen nur ein schönes Schwimmbad.

Es wird Winter. Dicke Schneeflocken fallen vom Himmel.

Vielleicht weiß der Schneemann, wo das Schlaraffenland ist.

Aber der kennt nur den Schnee und die wunderschönen Schneeflocken.

Dann fragt Schecki das Schwein Schorsch. „Komm mit!", sagt das schlaue Schwein und führt Schecki sofort zu einer stinkenden Schlammgrube. „Das ist doch nicht das Schlaraffenland!", brummt das alte Schaf ganz enttäuscht.

Traurig setzt sich Schecki an den Straßenrand und weint.

Plötzlich entdeckt es in der Ferne einen leuchtend grünen Fleck . . .

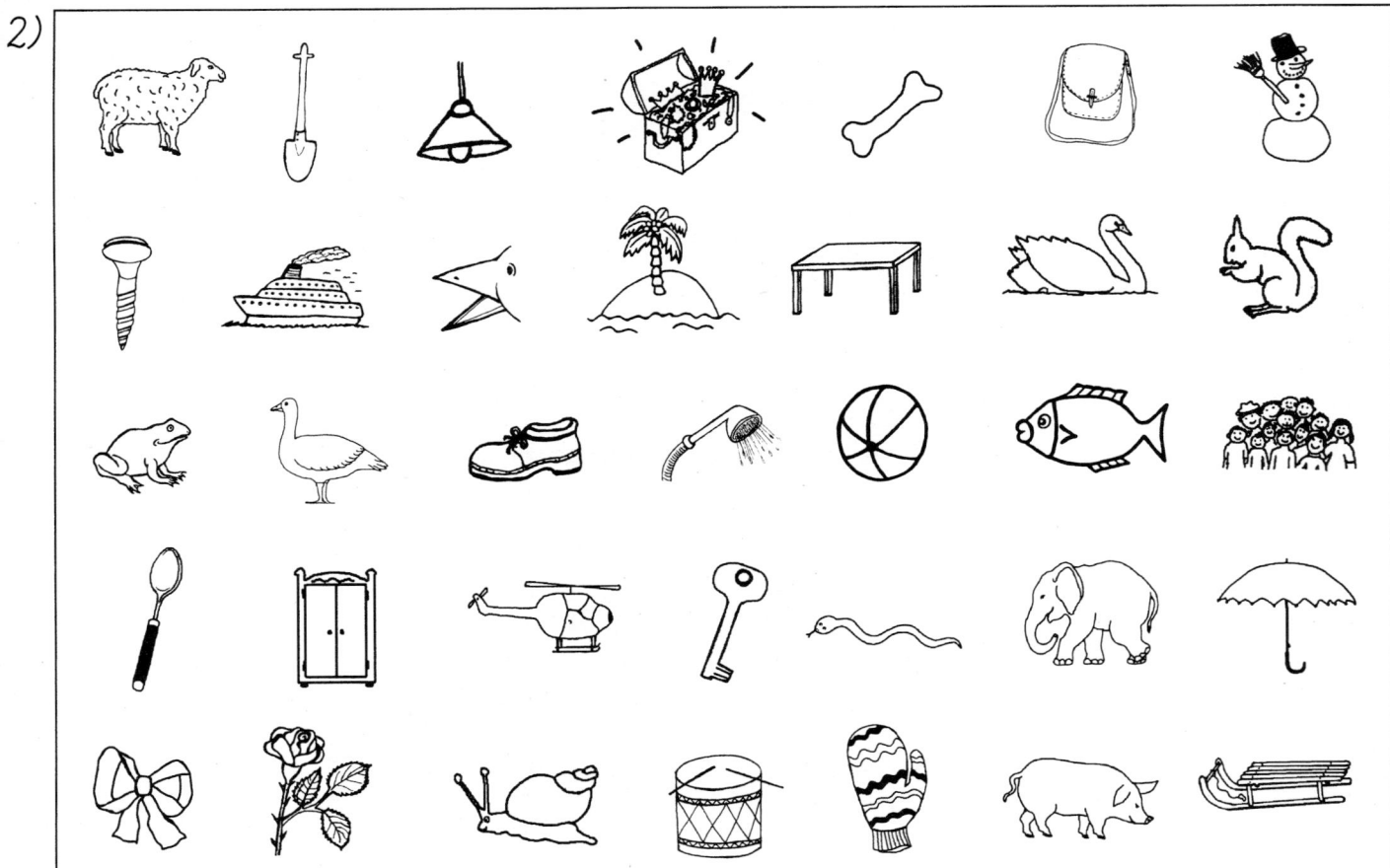

1.) lesen, ergänzen, ins Heft übertragen
2.) 24 Dinge mit **sch** umkreisen, anmalen

1)
[Sch]ecki ist im [Sch]laraffenland.

Dort gibt es [Sch]okolade mit

Kir[sch]en und [Sch]lagsahne.

Das [sch]meckt [Sch]ecki gut.

Dann kommt [Sch]ecki zum [Tr]inken

und zum [Sch]nitzel.

Hm da [sch]matzt unser [Sch]af!

1.) ausschneiden, zuordnen, aufkleben
2.) Wörter nachfahren

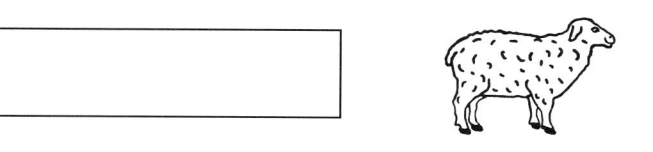

Sch	hier Wortende einkleben	☂
Sch	hier Wortende einkleben	🧰
Sch	hier Wortende einkleben	🚢
Sch	hier Wortende einkleben	🐑
Sch	hier Wortende einkleben	👞
Sch	hier Wortende einkleben	🪑
Sch	hier Wortende einkleben	⛄
Sch	hier Wortende einkleben	🛷
Sch	hier Wortende einkleben	🦢
Sch	hier Wortende einkleben	🐌
Sch	hier Wortende einkleben	🐍
Sch	hier Wortende einkleben	🐦

rank
necke
litten
wan
lange
iff
nabel
af
uh
irm
neemann
atz

1.) **sch** schreiben
2.) Wörter ergänzen, lesen, schreiben
3.) Paare suchen, farbig umkreisen

1)

sch   sch
sch   sch

2)

wa???en   ???affen   du???en
       ???musen
wi???en
       ???witzen
   mi???en   ???watzen
???impfen   ???erzen   ???wimmen

3)

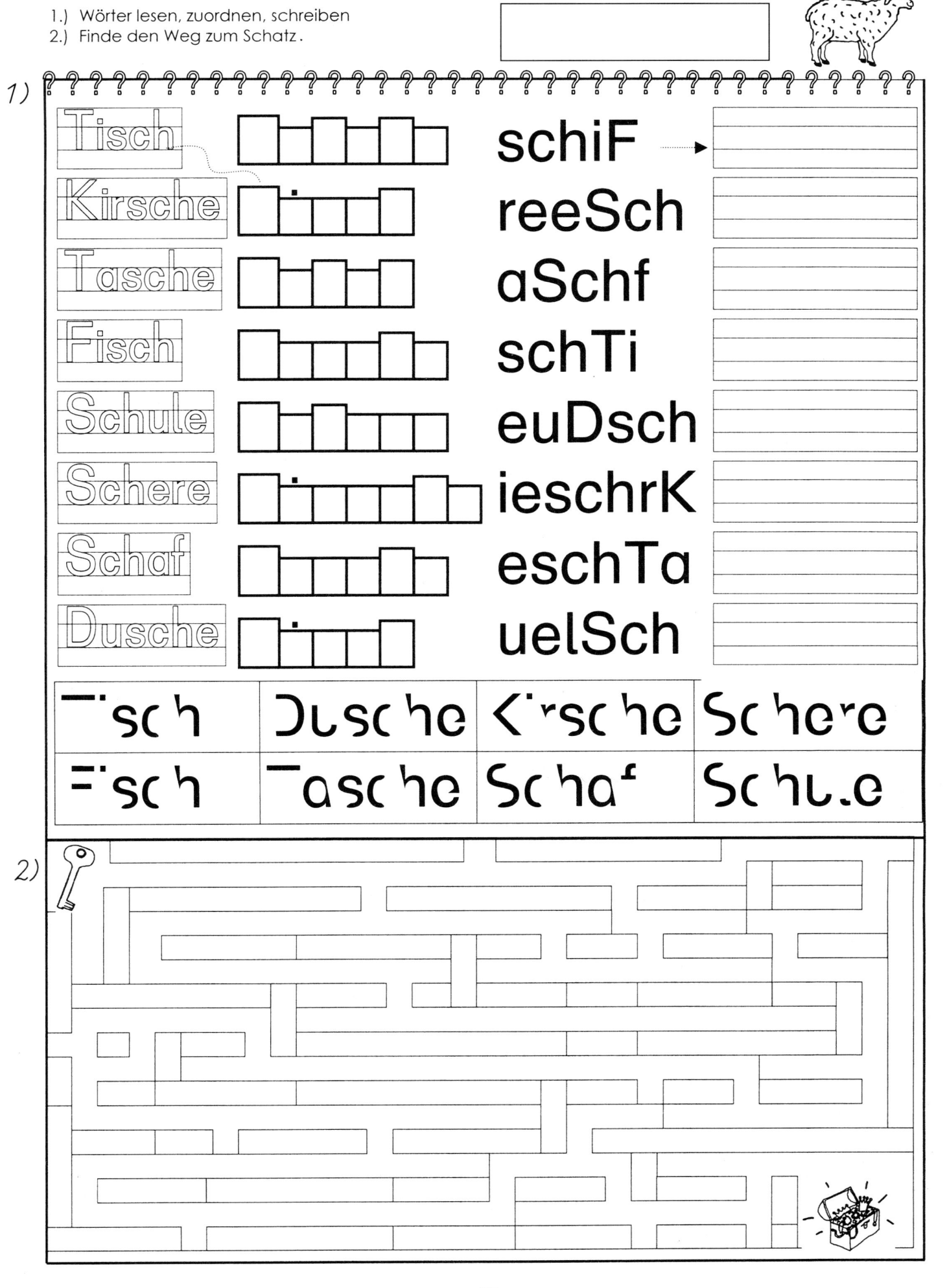

1.) Wörter lesen, zuordnen, schreiben
2.) Finde den Weg zum Schatz.

1)

Tisch	schiF →
Kirsche	reeSch
Tasche	aSchf
Fisch	schTi
Schule	euDsch
Schere	ieschrK
Schaf	eschTa
Dusche	uelSch

| Tisch | Dusche | Kirsche | Schere |
| Fisch | Tasche | Schaf | Schule |

2)

1.) Setze ein: Sch - sch - ch - S - s

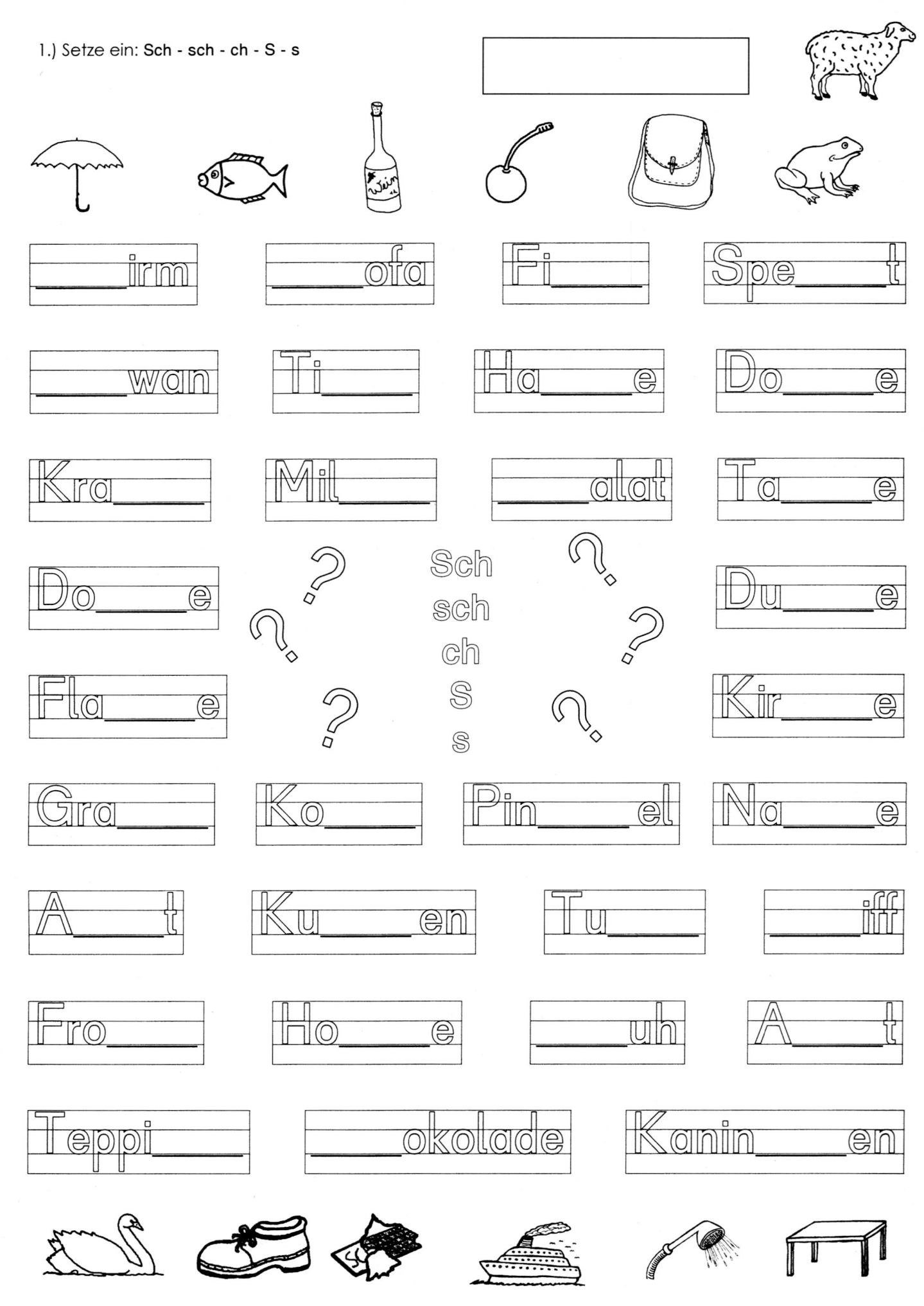

___irm   ___ofa   Fi___   Spe___t

___wan   Ti___   Ha___e   Do___e

Kra___   Mil___   ___alat   Ta___e

Do___e   Sch / sch / ch / S / s   Du___e

Fla___e   Kir___e

Gra___   Ko___   Pin___el   Na___e

A___t   Ku___en   Tu___   ___iff

Fro___   Ho___e   ___uh   A___t

Teppi___   ___okolade   Kanin___en

1.) Kreuzworträtsel lösen, Wörter ins Heft schreiben
2.) Bilder vervollständigen

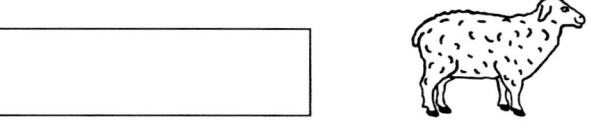

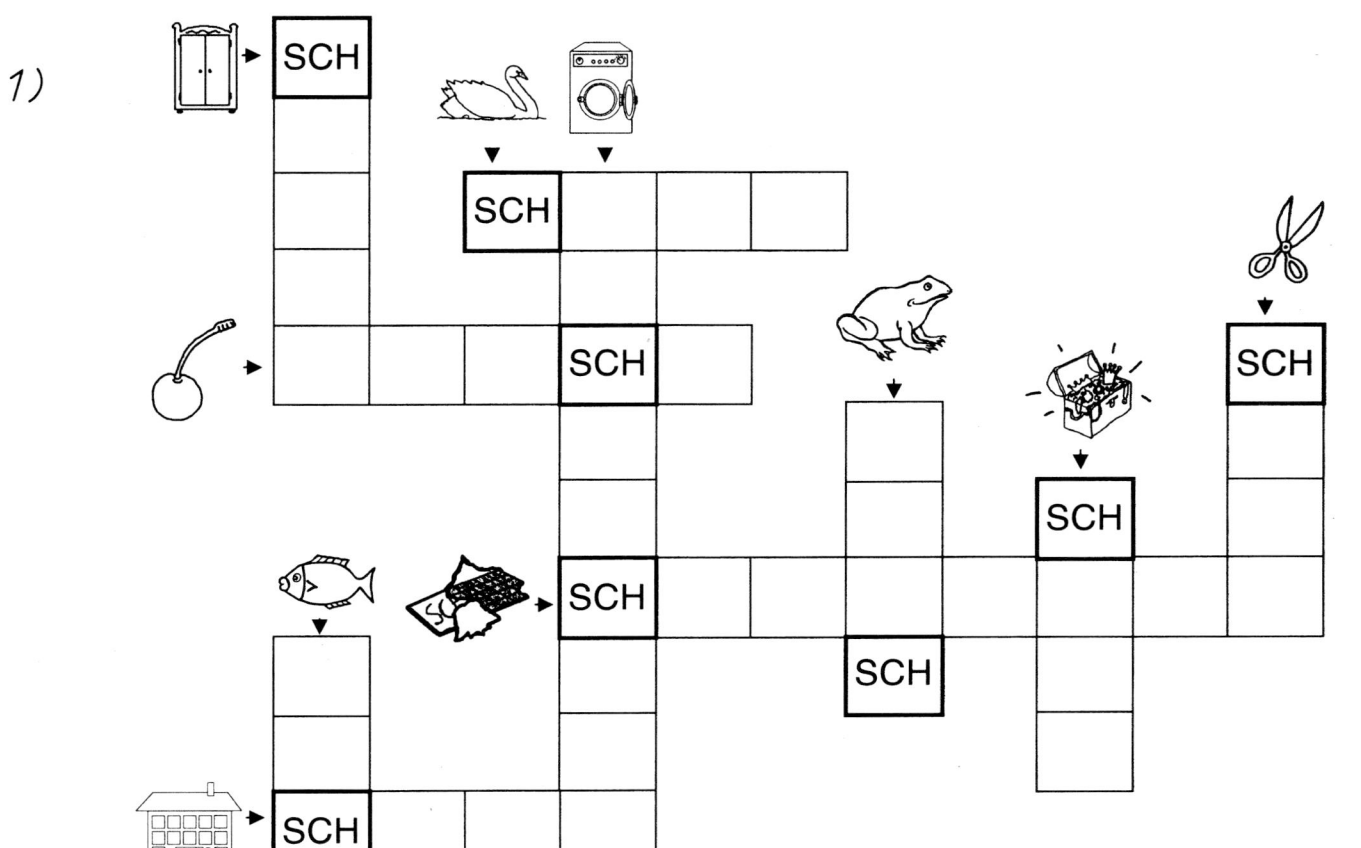

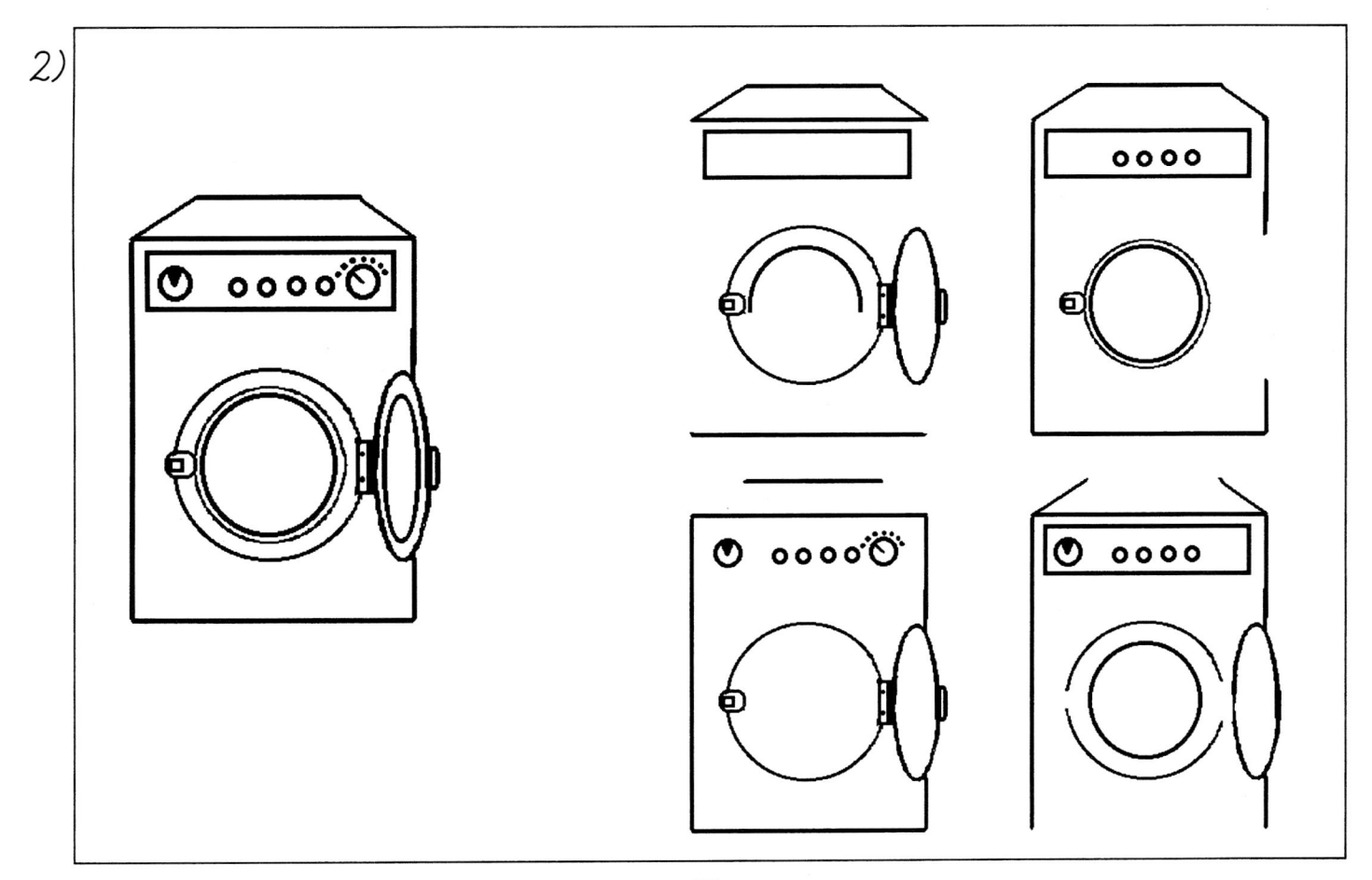

1)

2)

Sprech-, Mal-, Schreibanlass

Mein Schlaraffenland

Gedicht / Auszählvers

Der Traum

Schecki, das Schaf, ihr glaubt es kaum,
hatte einen schlimmen Traum:
Scheichi kam mit der großen Schere
und fragte an, wie es wohl wäre
mit einer neuen Frisur - passend zu Scheckis Figur.
„Ich schneide dir - schnipp, schnapp -
deine Haare einfach ab.
Du kannst sie dann dem Schneemann geben.
Der wird dir einen Schal draus weben."
Da rief das Schaf: ...

Auszählvers

Eins, zwei, drei, vier, fünf, sechs, sieben -
wo ist unser Schaf geblieben?
Überall ist es bekannt:
Schecki sucht Schlaraffenland!
Tik - tak - tek, läuft unser Scheck
und du bist weg ...

Bastelvorschlag

Das Schaf Schecki

Benötigtes Material

weißer Karton,
weißes und graues
Seidenpapier,
Schere,
Klebstoff

Arbeitsanweisung

1. Schneide das Schaf grob aus und klebe es auf weißen Karton.
2. Schneide es entlang der vorgezeichneten Linien aus.
3. Knicke das Schaf in der Mitte und stelle es auf.
4. Schneide oder reiße aus dem Seidenpapier kleine Quadrate.
5. Forme sie zu kleinen Kügelchen und klebe sie auf das Schaf.

Du kannst auch eine ganze Schafherde basteln. Die Schafe können ganz weiß, grau oder weiß-grau gefleckt sein.

Bastelvorschlag / Spiel

Schafe aus Salzteig

Zutaten:

500 g Mehl
200 g Salz
1/4 l Wasser

Zubereitung:

1. Vermische Mehl und Salz und gib nach und nach das Wasser hinzu; knete den Teig dabei gut durch.
2. Forme kleine Schafe und backe sie bei 160° C, bis sie zartbraun sind.
3. Wenn sie kalt und fest geworden sind, kannst du sie bemalen und lackieren.

(Wichtiger Hinweis: Salzteig-Figuren sind nicht zum Verzehr geeignet!)

Spielanleitung für ein selbst gebasteltes Brettspiel

- Spielfiguren sind die Salzteig-Schafe.
- Spielbeginn ist bei „Start".
- Es wird reihum gewürfelt. Bei **6** darf nochmals gewürfelt werden.
- Auf einem Feld dürfen beliebig viele Figuren stehen.
- Wer auf einem grünen oder blauen Feld landet, muss eine entsprechende Aktionskarte ziehen und den Auftrag ausführen.
- Wer zuerst das Ziel erreicht, hat gewonnen.

Vorschläge für „Blaue Aktionskarten":
Du musst einmal aussetzen.
Gehe 2 Felder zurück.
Gehe 1 Feld zurück.
Wo trifft Schecki die Kinder? Gehe 1 Feld zurück, wenn du es nicht weißt.
Beschreibe Scheckis Schlaraffenland. Gehe 1 Feld zurück, wenn du es nicht weißt.
Wie heißt das Schwein? Gehe 2 Felder zurück, wenn du es nicht weißt.
Wie heißt das alte Schaf? Gehe 4 Felder zurück, wenn du es nicht weißt.
Was liebt der Schneemann? Setze 2 Runden aus, wenn du es nicht weißt.
Kennst du das Schlaraffenland von Schorsch? Gehe 5 Felder zurück, wenn du es nicht weißt.

Vorschläge für „Grüne Aktionskarten":
Du darfst nochmals würfeln.
Nenne drei Wörter, die mit sch beginnen. Rücke drei Felder vor, wenn du es schaffst.
Welche Tiere trifft Schecki? Kennst du sie, rücke für jedes genannte Tier ein Feld vor.
Wo hörst du das sch bei Schokolade? Rücke ein Feld vor, wenn du es weißt.
Wo hörst du das sch bei Fisch? Rücke zwei Felder vor, wenn du es weißt.
Wo hörst du das sch bei Flasche? Rücke drei Felder vor, wenn du es weißt.

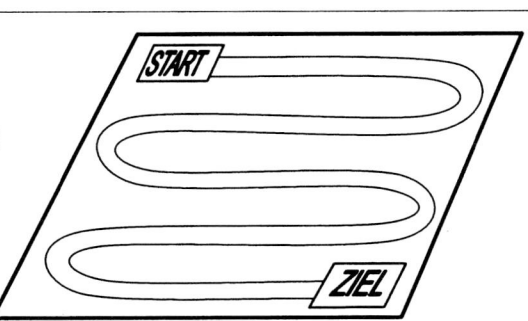

Bastelvorschlag

Schattentheater

Benötigtes Material:

2 feste Kartonteile (A) (30 cm x 20 cm)
1 Bogen weißes Transparentpapier / Pauspapier (40 cm x 30 cm)
2 Kartonstreifen (B) (40 cm x 3 cm)
2 Kartonstreifen (C) (40 cm x 5 cm)
  Schere
  Klebstoff, Klebeband

Arbeitsanweisung:

1. Lege die beiden Kartonteile (A) ca. 40 cm voneinander entfernt auf den Tisch.
2. Lege nun einen Kartonstreifen (B) oben und einen Kartonstreifen (C) unten genau an die Seitenteile (A) an und befestige sie mit Klebeband.
   Jetzt hast du ein großes Fenster.
3. Klebe Transparentpapier an allen vier Seiten fest in dieses Fenster ein.
4. Drehe dein Schattentheater auf die Rückseite.
   Klebe zuerst oben den zweiten Kartonstreifen (B) dagegen und verbinde ihn ebenfalls mit Klebeband an den beiden Seitenflügeln (A).
5. Den breiten unteren Streifen (C) darfst du vor dem Aufkleben nur am unteren Rand mit Klebstoff bestreichen (**), damit man von oben feststehende Hintergrundgegenstände (Häuser, Bäume, Wellen usw.) in den Streifen hineinstellen kann.

Jetzt brauchst du nur noch eine Lichtquelle (Steh- oder Klemmlampe).
Mit deinen Fingern, Spielsachen oder selbst gebastelten Figuren kannst du nun Schattentheater spielen.

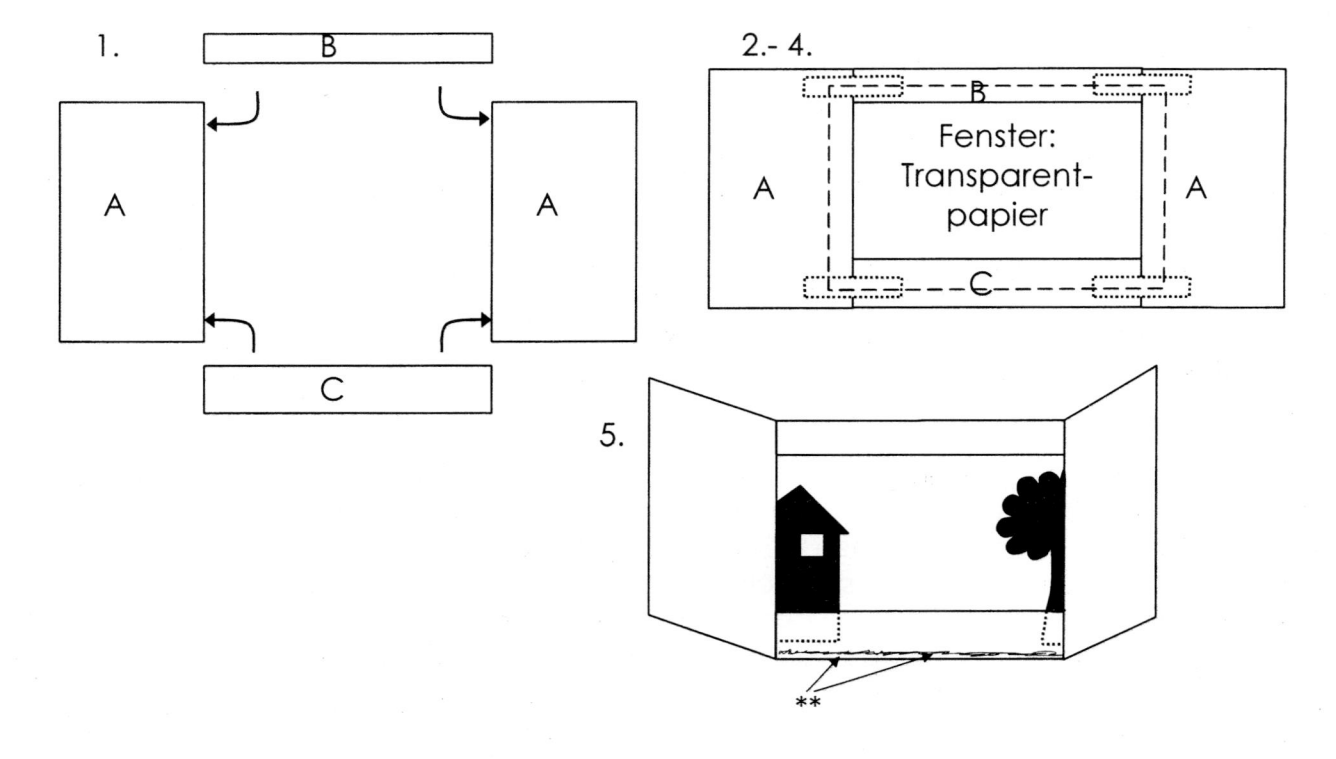

Rezeptvorschlag

Scheckis Schlemmerauflauf

Zutaten:

1	Paket Toastbrot
500 g	Äpfel
1	Paket Rosinen
¾ l	Milch
3	Eier
	Butter

Zubereitung:

1. Schäle die Äpfel und entferne das Kerngehäuse. Schneide die Äpfel in dünne Scheiben.
2. Bestreiche eine Backform mit Butter und lege:
   1 Schicht Toastbrot, 1 Schicht Apfelscheiben, 1 Hand voll Rosinen
   1 Schicht Toastbrot, 1 Schicht Apfelscheiben, 1 Hand voll Rosinen
   und zum Schluss noch einmal 1 Schicht Toastbrot.
3. Verquirle die Milch, die Eier und den Zucker mit dem Handrührgerät.
4. Gieße die Masse über die letzte Schicht Toastbrot.
5. Streue ein paar Butterflocken darüber.
6. Heize den Backofen auf 190° C vor.
7. Schiebe das Backblech auf der mittleren Schiebeleiste in den Backofen und lass den Schlemmerauflauf ca. 30 Minuten backen.

Rezeptvorschlag / Bastelvorschlag

Schoko-Hasen

Zutaten/ Material:

Schokoküsse
Speisefarbe
Spagetti (ungekocht)
grünes und braunes Tonpapier

Arbeitsanweisung:

1. Schneide aus braunem Tonpapier 2 Ohren aus und stecke sie vorsichtig in den Schokokuss.
2. Male mit Speisefarbe ein Hasengesicht auf den Schokokuss und stecke kleine Spagettistücke als Barthaare ein.
3. Schneide aus grünem Tonpapier die Unterlage aus und setze den Hasen darauf.

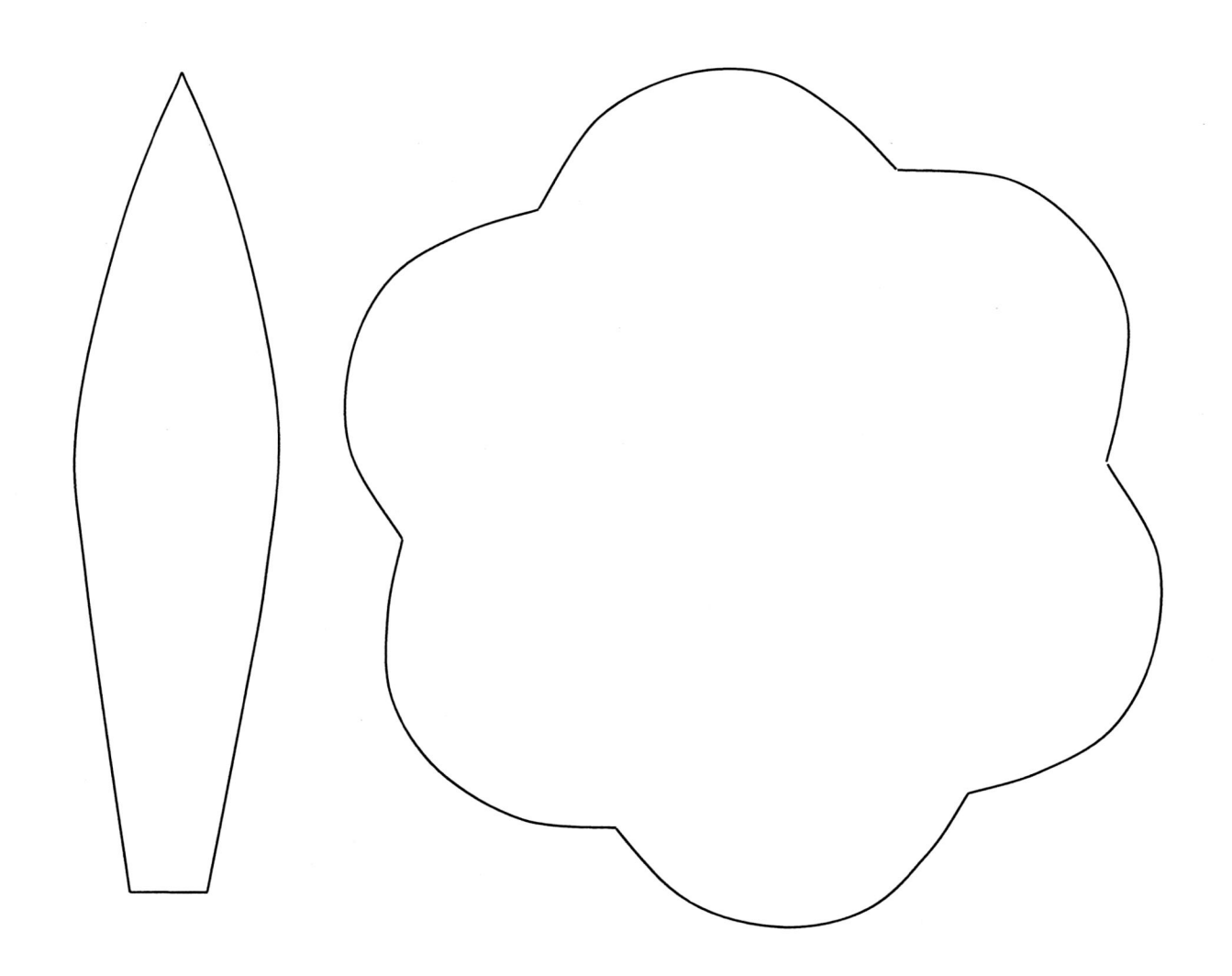

Didaktischer Hinweis

J

Da es nur sehr wenige Gegenstände mit j im Anlaut gibt, legten wir bei dieser Unterrichtseinheit die verfügbaren Dinge auf einem so genannten Präsentationstisch aus. In vielen Wörtern wird ein „j" gesprochen und gehört, aber ei, ai, eu geschrieben: z.B. „Feier, Maier, Ungeheuer". Der Unterschied zwischen der akustischen Wahrnehmung und der richtigen orthografischen Schreibweise muss durch die Darbietung des Wortbildes visualisiert werden. Deutliches Auseinanderziehen der Laute bei den ersten Vorsprech-, Lese- und Hörübungen: „Ma – i – er", mit begleitendem Fingerzeig auf das entsprechende Graphem hilft schnell und sicher solche Verwechslungsfehler zu reduzieren.

Im zweiten Schritt erfolgt dann die Abgrenzung von J / j-Wörtern mit unterschiedlicher Aussprache wie z.B.: j= Jacke; dsch= Job.

Die Lehrerin/der Lehrer sollte auf eine exakte Schreibung des Großbuchstabens J achten (Abschlussbogen!), um eine spätere Verwechslung mit dem großen I auszuschließen.

Fächerübergreifende Themen: Jahr/Jahreszeiten/Jahreskreis.

Der Schreibanlass kann unter verschiedenen Aspekten bearbeitet werden:
- Mode und Trends;
- Funktionskleidung / Berufskleidung;
- Lieblingskleidung.

Als Zusatzgeschichte eignet sich das Märchen „Des Kaisers neue Kleider", dazu Verwandlungsspiele mit Ausschneidebögen „Anziehpuppen".

Spielvorschlag: „Mix-max", Ravensburger Spiele.

Büchervorschläge:

R. Koenigs: Fantasie, Poesie und Bewegungsgeschichten begleiten dich durchs Jahr, Verlag modernes Lernen, Dortmund 2000.

A. Weinhold: Unser Wetter, Ravensburger Buchverlag, Ravensburg 2000.

B. Adams: Tessloffs erstes Buch vom Wetter, Tessloff, Nürnberg 2002.

Dinge für den Präsentationstisch

Jacke	Johannisbeere (Abbildung)
Jade	Jo-Jo
Jäger	Judo (Anzug/ Abbildung)
Jaguar	Jute (Stoff/ Sack)
Jogurt	Juwelen (Strass)

36

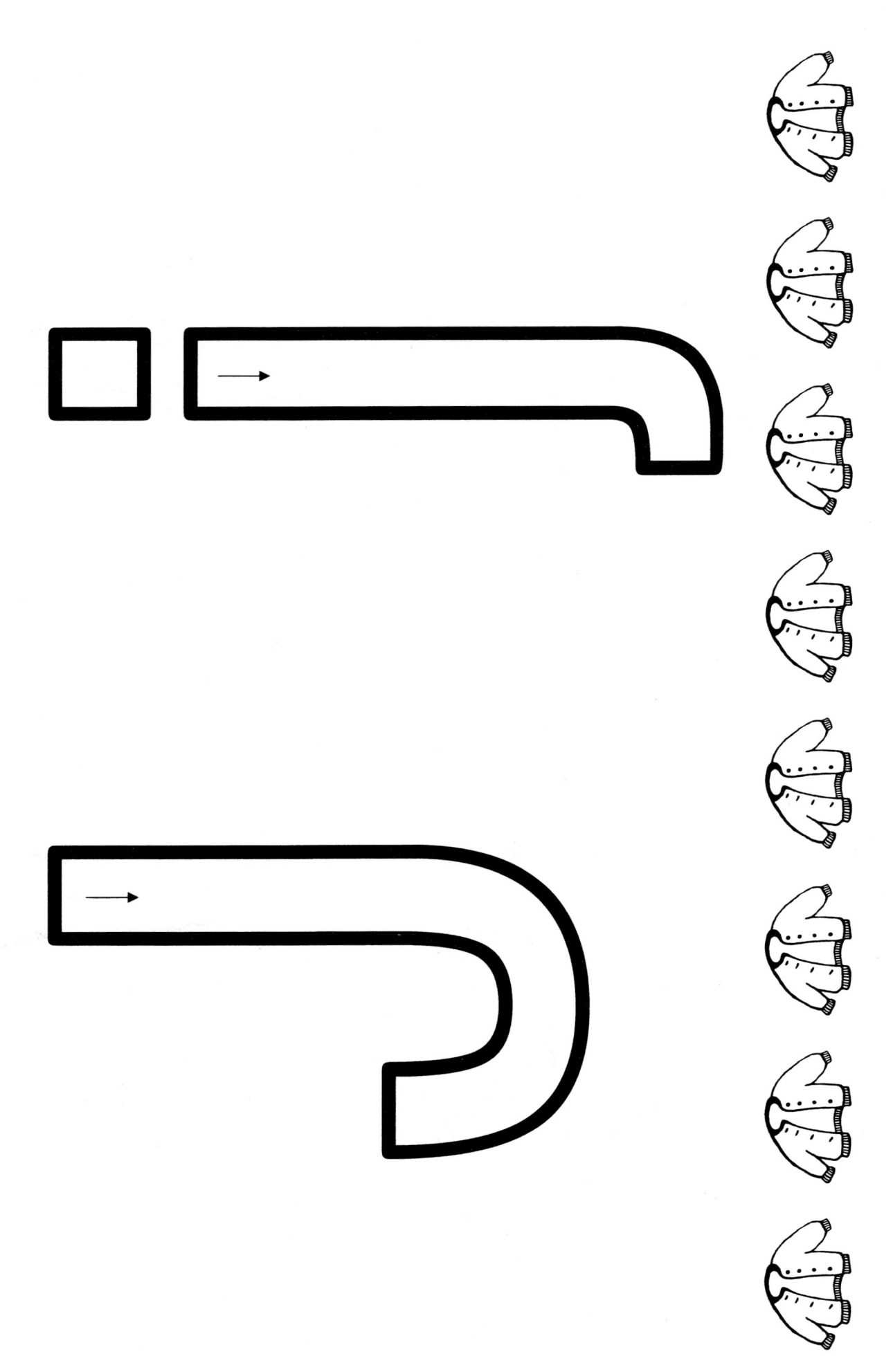

Lesetext

Eine besondere Jacke

Draußen ist es kalt. Wenn Herr Jakob ausgeht, zieht er seine dicke Winterjacke an.

Am Abend erzählt die Jacke dann den anderen Kleidern im Schrank, was sie alles gesehen hat.

An warmen Tagen darf eine dünne Jacke Herrn Jakob begleiten. Auch sie muss von ihren Erlebnissen berichten.

Doch eines Tages zieht eine ganz besondere Jacke in den Schrank ein.

Nie zuvor haben die anderen Kleidungsstücke eine Jacke mit ausknöpfbarem Futter gesehen. Es ist eine ganz moderne Allwetterjacke.

Plötzlich werden alle anderen Jacken arbeitslos, weil Herr Jakob nur noch das neue Stück anzieht: bei schlechtem Wetter mit Futter - bei gutem Wetter ohne Futter. Jeden Tag ist die Allwetterjacke unterwegs und sie hat immer viel zu erzählen.

Aber weil sie täglich benützt wird, sieht sie bald alt und schäbig aus.

So dauert es nicht lange, bis die neue Jacke immer müde ist und nur noch ihre Ruhe haben will.

Jetzt möchte keiner im Schrank mehr mit ihr tauschen.

1.) Geschichte lesen, nacherzählen, schreiben
2.) passendes Wort mit J finden, schreiben
3.) alle Felder mit J rot ausmalen

1) Herr Jasager heißt Jan und lebt in Japan.

Im Januar hat er Geburtstag.

Er trägt eine rote Jacke und hat einen Jaguar.

Er mag Johannisbeeren und kann Judo.

Leider sagt er immer nur „Ja, ja!" - Du auch?

2)
Künstler im Zirkus:	
eine Sportart:	
Auto für das Gelände:	
Name einer Insel:	
seltene Raubkatze:	
blaue Hose:	
Monatsname:	
wird aus Milch gemacht:	
englischer Name:	
dauert 12 Monate:	

Jeans, Jim, Jaguar, Jongleur, Jahr, Judo, Januar, Jeep, Jogurt, Jamaika

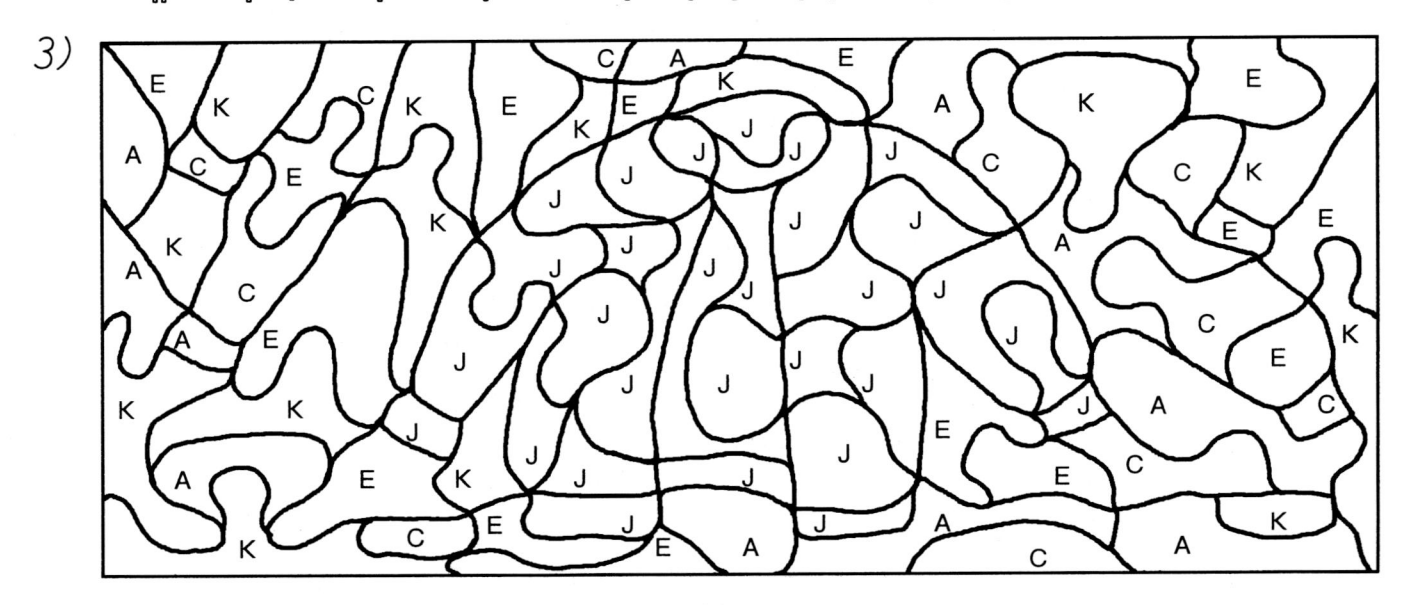

3)

1.) sprechen, hören, lesen
2.) Wörter eintragen, ins Heft abschreiben

1) Wer kann diese Wörter richtig sprechen?

Joker	Jeans	Jet	Joystick
Jongleur	John	Jogging	Job
Jennifer	Jackett	Jim	Jumbo
Jamaika	Jeep	Jalousie	Jo

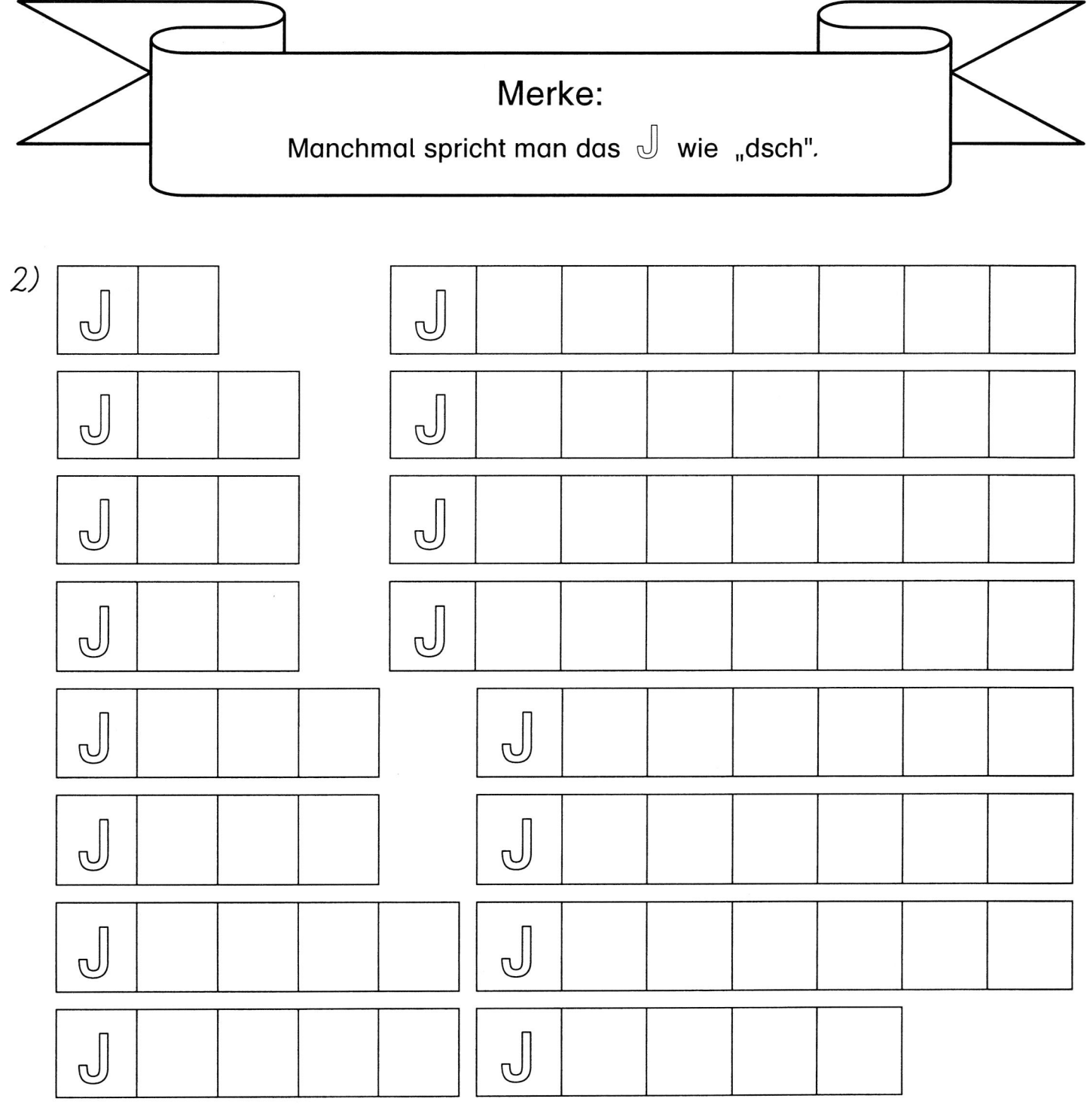

Merke:
Manchmal spricht man das J wie „dsch".

2)

1.) Was gehört zusammen?
2.) Welches Bild ist anders? Kreise ein.

1)

Monat	=	
Frucht	=	
Tier	=	
Sport	=	
Hose	=	

Segelboot	=	
Land	=	
12 Monate	=	
Essen	=	
Kind	=	

Japan	Jaguar	Junge	Jolle	Januar
Judo	Jogurt	Jeans	Jahr	Johannisbeere

2)

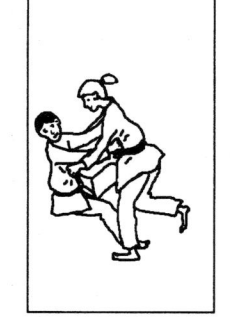

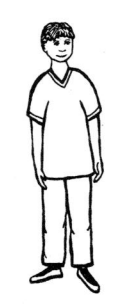

1.) erzählen, Monatsnamen, Jahreszeiten lernen
2.) Wie heißen die Monate richtig?
    Kannst du beide Köpfe malen?

1) Das Jahr

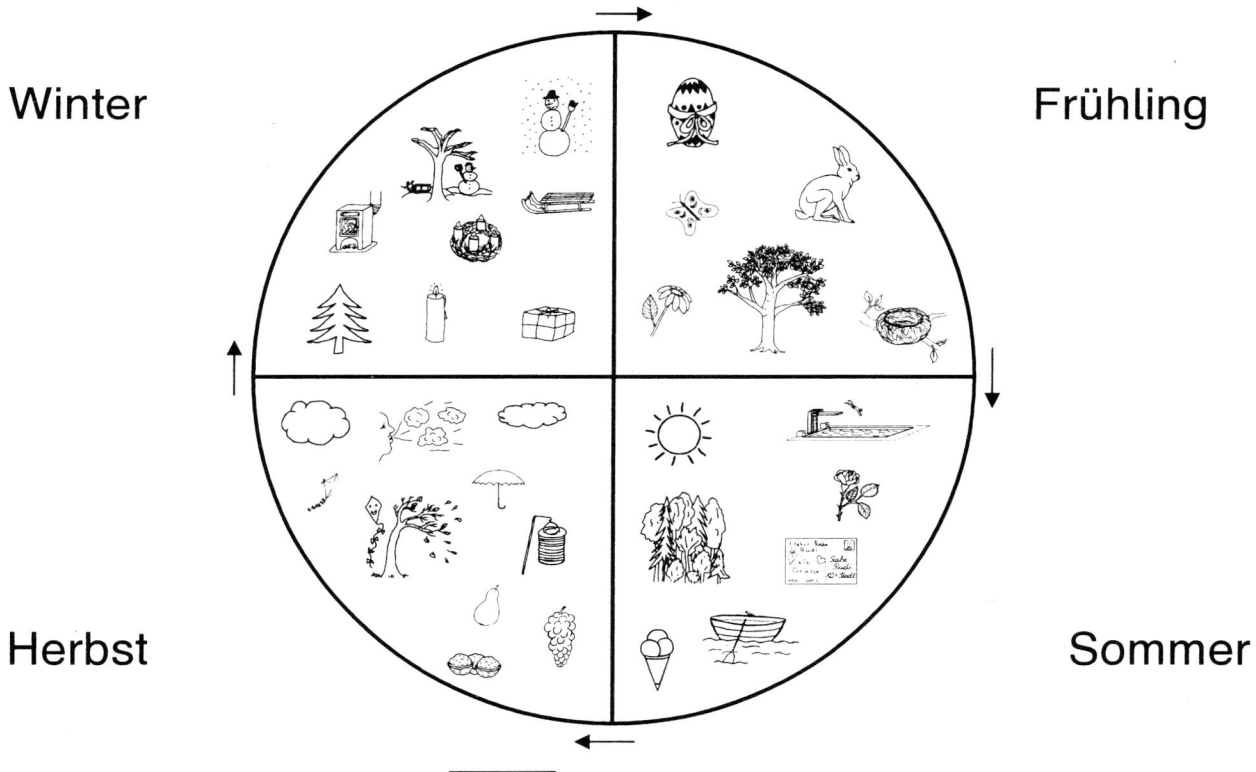

Winter   Frühling

Herbst   Sommer

Das Jahr hat ☐ Monate.
Kennst du ihre Namen?
Kannst du sie auswendig sagen?

3 Monate beginnen mit J. Kennst du sie?

Januar, Februar, März, April, Mai, Juni, Juli, August, September, Oktober, November, Dezember

2) Janu - tember

De - ni

Ju - gust

Sep - ar

Au - li

Ju - zember

Sprech-, Mal-, Schreibanlass

Kleidung

ist   soll

kann   muss

darf

Rezeptvorschlag

Jogurtkuchen

Zutaten:

- 4   Eier
- 1   Becher Fruchtjogurt
- 1 TL Backpulver

Nimm jetzt den leeren Jogurtbecher als Maß:
- 1   Becher Zucker
- 1   Becher Öl
- 3   Becher Mehl
- 1   Paket Mandeln

Zubereitung:

1. Verrühre die Eier, den Jogurt, den Zucker, das Öl, das Mehl und das Backpulver gut miteinander.
2. Streiche die Masse auf ein eingefettetes oder mit Backpapier ausgelegtes Backblech.
3. Streue Mandeln (nach Belieben) darüber.
4. Heize den Backofen auf 170° C vor.
5. Schiebe das Backblech auf der mittleren Schiebeleiste in den Backofen und lass den Jogurtkuchen ca. 30 Minuten backen.

Didaktischer Hinweis

Au Ei Eu

Die angeführten Diphtonge finden auf unserer Anlauttabelle Berücksichtigung, um ein Wiedererkennen innerhalb des Wortverbundes zu erleichtern und diese besonderen Laute gezielt einzuüben.

In der Anfangsphase ist es sinnvoll und für viele Schüler sehr hilfreich die Vokalkombinationen durch einen Verbindungsbogen (vgl. sch) zu kennzeichnen, um die Zusammengehörigkeit der Buchstaben hervorzuheben.

Schülerinnen und Schüler, bei denen Verwechslungsfehler ie / ei beobachtet werden, sollten gezielt zusätzliches Übungsmaterial zur Reihenfolgepositionierung bekommen (Muster fortsetzen, LRS-Training, Links-rechts-Unterscheidung).

Au   Arbeits- und Bastelvorschläge:
Autospiele: Autokennzeichen zuordnen (Städte, Nationen)
Rechnen mit Autonummern
Wortsuchspiele mit dem ersten/letzten Buchstaben einer Nummer
Automarken und ihre Fahrzeugmodelle (Abbildungen ausschneiden, zuordnen, aufkleben in Gruppenarbeit)
Würfelspiele Autorennen, Auto-Quartett
Collage mit Bildern aus der KFZ-Werbung
Ausstecher aus Teig/ Plastilin/ Salzteig
Ausflüge planen/ durchführen; Ausflugsziele erkunden

Ei   Arbeits- und Bastelvorschläge:
Übungen für den Sprachunterricht:
bestimmter/ unbestimmter Artikel (ein/ eine);
Possessivpronomen (mein/ dein/ sein)
Feiertage rund ums Jahr kennen lernen
Eissorten auflisten, aufschreiben, zubereiten
Eierspiele: balancieren, werfen, Eierlauf
Eier bemalen (versch. Techniken)
Rezepte mit Eiern

Eu   Themenvorschläge:
„Feuer, Ungeheuer, Abenteuer", Themenbereiche, die für Kinder immer spannend sind. Die Leseleistungen sind inzwischen so weit fortgeschritten, dass eine Zusatzlektüre angeboten werden kann. Unsere Schüler hatten immer viel Spaß beim Schreiben und Gestalten von „eigenen" Büchern, die den Inhalt der Lektüre in Kurzform wiedergaben. Die Textabschnitte wurden zusätzlich mit passenden Bildern (zum Ausmalen) aus der Geschichte versehen.

Buchvorschläge:
G. Kienitz/ B. Grabis: Lass es spuken, Ökotopia, Münster 1998.
O. Preußler: Das kleine Gespenst, Thienemanns, Stuttgart 1966 (Buch und Kassette).
O. Könneke: Lola und das Gespenst, Rowohlt, Frankfurt/M. 1999.
Lola und der Pirat, Rowohlt, Frankfurt/M. 1999 (jeweils Buch und Kassette).

Dinge für den Präsentationstisch

Auto	Eichel	Eimer	Eisenbahn
Auflaufform	Eichhörnchen	Einhorn	
Ausstecher-	Eidechse	Einmachglas	Eule
formen	Eierbecher	Eins (Umriss)	Euro (Münze)
Ausweis	Eieruhr	Eisbecher	Europa (Karte)

45

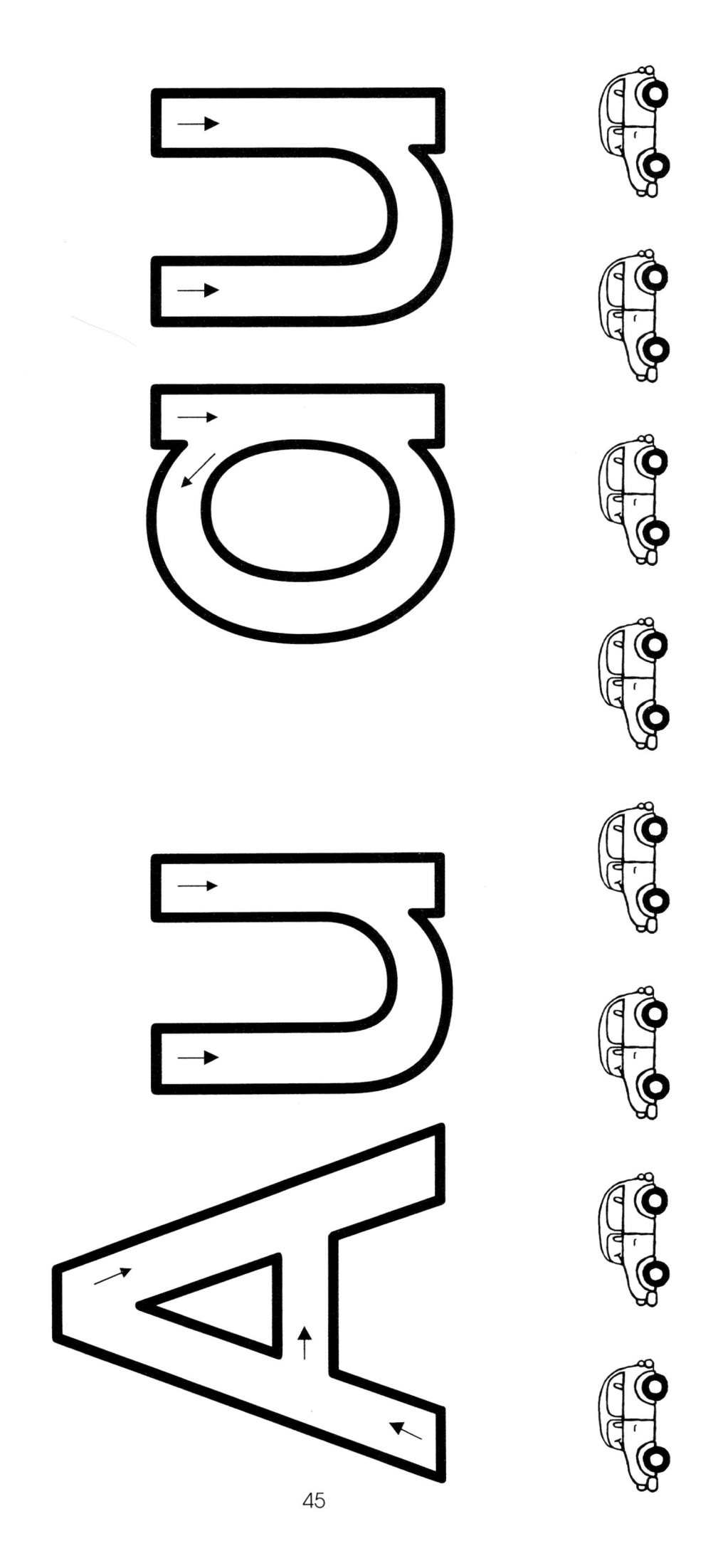

Lesetext

Tina wünscht sich ein Auto

Tina hat bald Geburtstag.

Sie geht mit Opa zum Spielwarenladen.

Im Schaufenster zeigt sie auf ein schönes rotes Auto. „Das wünsche ich mir zum Geburtstag!" Opa meint nur: „Autos sind nichts für Mädchen!"

Doch so schnell will Tina nicht aufgeben.

Vielleicht schenkt ihr Tante Augusta ein Auto? Aber die Patentante möchte lieber Möbel für die neue Puppenstube kaufen.

Endlich hat Tina Geburtstag! Sie ist ganz aufgeregt.

Schon vor der Schule gratulieren Papa und Mama mit einem Geschenk: Es ist ein kleiner Bus mit Türen, Fenstern und Sitzplätzen für alle Puppen.

Glücklich fällt Tina ihren Eltern um den Hals.

Und als sie dann von Opa noch das schöne rote Auto und von Tante Augusta eine richtige kleine Tankstelle bekommt, ist Tina überglücklich.

Am Nachmittag kommen alle Freunde und Freundinnen zur Geburtstagsparty.

Jedes Kind hat ein kleines Päckchen dabei. Tina packt ein Geschenk nach dem anderen aus und ihre Augen werden immer größer...

Lied

Das tanzende Auto

Es tanzt ein Au wie Au-to-fahr`n bei uns im Kreis her-um fi-del-bum. Es tanzt ein Au wie Au-to-fahr`n bei uns im Kreis her-um. Erst auf dann ab, ein Mit-tel-strich: Das gibt ein A, er-inn-`re dich. Jetzt Strich nach un-ten, Bo-gen rauf. Das U setzt sich noch hin-ten drauf.

1.) Wege in verschiedenen Farben nachfahren

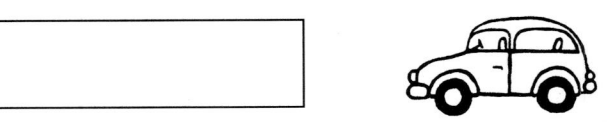

| HH - AU 364 | M - AU 803 | B - AU 931 | L - AU 275 | AU - A 127 |

1.) Wörter zusammensetzen, farbig markieren
2.) Wörter schreiben
3.) 10 Wörter suchen, markieren, ins Heft schreiben

1)

gang · to · pe · puff · Tau · berer
gust · Trau · Aus · Dau · Au · kel
Schau · Au · men · Aus · Aus · ge
Rau · send · Au · be · Zau · flug

2)

3)

K	G	F	R	A	U	K	R	T	R	A	U	B	E
A	U	T	O	H	L	Ö	S	B	A	U	C	H	A
P	M	A	U	S	H	R	D	O	A	U	G	E	P
U	M	A	U	E	R	F	E	X	K	H	A	U	T
Y	Ä	P	F	A	U	O	P	B	A	U	M	Ü	B

Suche die Wörter: Auge, Mauer, Baum, Pfau, Frau, Bauch, Maus, Traube, Auto, Haut

1.) Reimwörter finden, aufschreiben
2.) Bilder fertig zeichnen
3.) Reim lesen, Wörter trennen, Reim schreiben

1)
Bauch   Traum   Bauer
R   B   M

Haus   Bau   Traube
M   S   Schr

Tau   Daumen   Glaube
Fr   Pfl   T

2)

3) EinschlauerBaueristnichtsauer,

spieltinseinemHauseinekleineMaus.

Sprech-, Schreibanlass

Ausflug

Rezeptvorschlag

Auflauf

Zutaten:

250 g   Rohrnudeln
1   Dose Schältomaten
1 Pck. geriebener Käse
1 Bund Kräuter, z.B. Oregano, Salbei, Basilikum
        oder 1 Pck. Tiefkühlkräuter „Italienische Art"
1 Tasse Milch
1–2   Eier
Pfeffer
Salz

Zubereitung:

1. Koche die Nudeln bissfest (5–7 Minuten) und schütte sie in ein großes Sieb.
2. Mische in einer großen Schüssel die zerkleinerten Tomatenstücke, die Kräuter und die Nudeln und fülle alles in eine gefettete feuerfeste Auflaufform.
3. Streue den Käse gleichmäßig über die Nudeln.
4. Verrühre Milch, Eier, Salz und Pfeffer und gieße sie über deinen Auflauf.
5. Heize den Backofen auf 175°C vor und backe den Auflauf ca. 40 Minuten, bis sich auf der Oberfläche eine goldbraune Schicht bildet.

Ausstecherle aus Mürbeteig

Zutaten:

500 g   Mehl
300 g   Butter
200 g   Zucker
1 TL   Zitronensaft
2   Eier
2 Pck. Vanillinzucker
1 Prise Salz

Zubereitung:

1. Gib alle Zutaten in eine Schüssel und knete sie so lange, bis der Teig glatt und weich ist.
2. Decke den Teig mit Folie ab und stelle ihn im Kühlschrank 1 Stunde kalt.
3. Das Verarbeiten geht leichter, wenn du immer nur kleine Teile vom Teig nimmst und sie mit wenig Mehl dünn auswellst.
4. Die ausgestochenen Plätzchen kannst du mit verquirltem Ei bestreichen und mit Nüssen, Schokostreuseln und Zuckerperlen verzieren.
5. Die Figuren werden auf Backpapier bei 200°C ca. 10–12 Minuten gebacken.

53

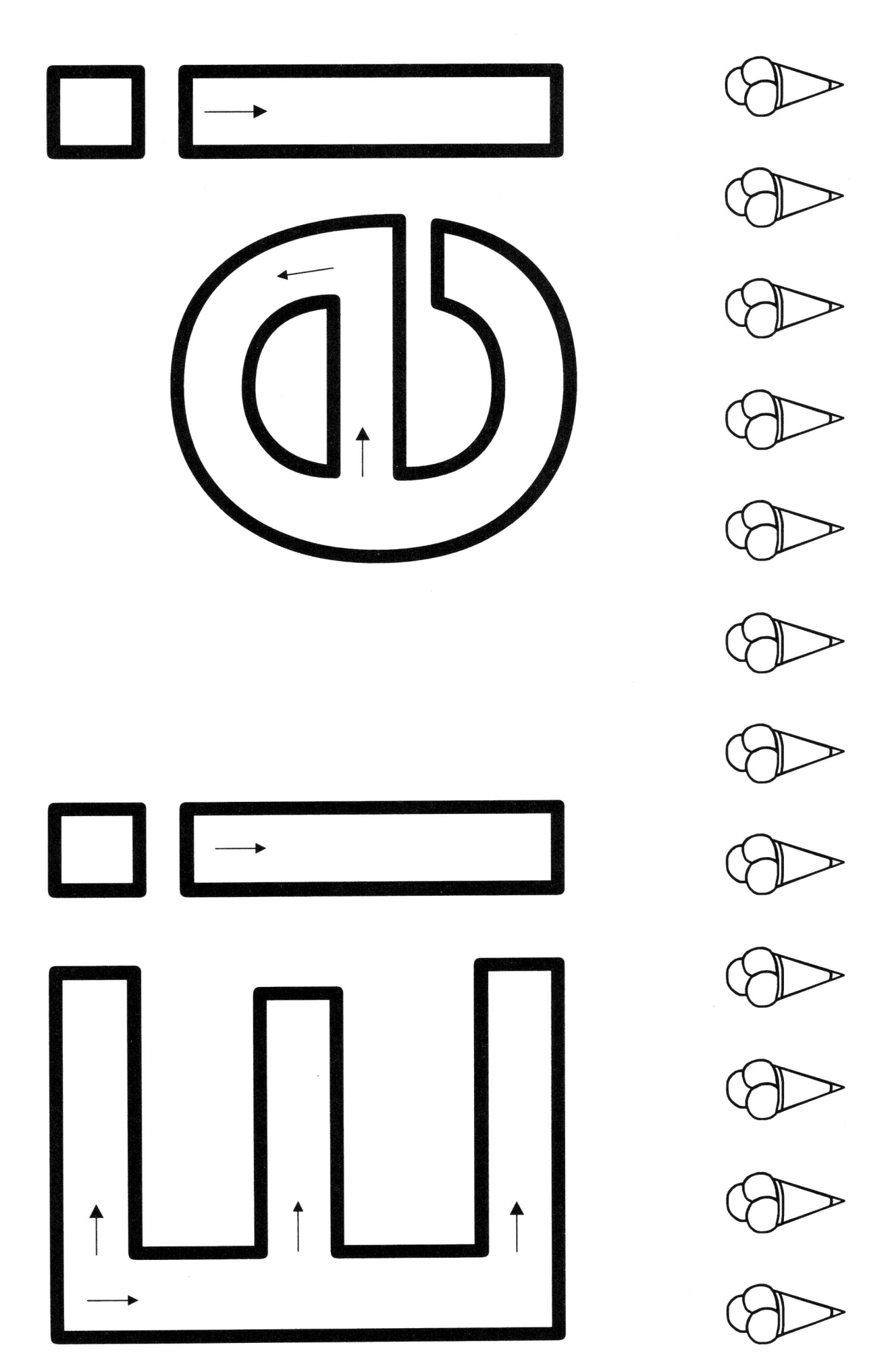

Lesetext

Ein ganz besonderes Eis

Heute ist ein besonderer Tag.

Jens und Meike werden acht Jahre alt.

Schon früh am Morgen kommt Opa mit seinem Hund Rex um zu helfen.

Nachmittags feiern die Zwillinge mit ihren Freunden.

Es gibt Kuchen und Limonade.

Dann dürfen die Gäste auf dem Spielplatz toben.

Inzwischen geht Opa mit Rex zur Eisdiele.

Dort kauft er Eis für alle Kinder.

Auf dem Heimweg trifft Opa Nachbarn und Bekannte.

Es gibt so viel zu erzählen.

Opa vergisst die Zeit - und das Eis!

Mutter schaut auf die Uhr. Wo bleibt nur Opa mit Rex?

Endlich kommen die beiden heim!

Oh weh! In den Eisbechern ist nur noch eine klebrige, hellbraune Soße.

Heimlich stellt Opa die Becher ins Gefrierfach.

Als die Kinder vom Spielplatz zurückkommen, stürzen sie sich sofort auf das Eis.

„Igitt! Was ist denn das? Opa, was hast du bloß mit dem Eis gemacht?", wollen die Kinder wissen.

Opa stottert verlegen: „Äh, äh ..."

1.) ei – Laut hören, ankreuzen (Anfang / Ende / Mitte)
2.) **11 Ei** und **10 ei** suchen, farbig markieren

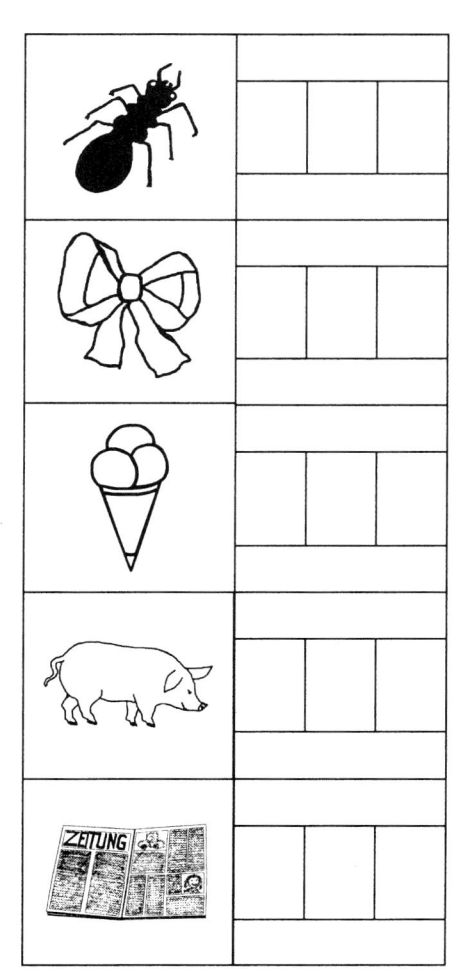

1)

2)

E	i	F	i	L	j	B	E	i	R	i	E	i	e
i	A	j	L	i	E	i	F	E	i	E	c	j	L
F	I	E	i	E	j	J	L	i	e	L	e	i	u
L	F	i	F	L	L	E	i	e	i	c	j	c	e
E	i	F	i	L	i	E	i	c	L	e	i	o	L
i	E	I	E	i	F	c	o	e	i	L	e	j	e
I	i	F	i	E	j	j	e	i	c	c	e	j	i
j	E	i	o	e	L	i	c	u	e	i	c	L	j
E	e	j	e	i	j	e	i	e	i	j	c	e	i

55

1.) Sätze lesen, richtig zuordnen, schreiben
2.) Eichenblätter fertig malen

1)
Der Geist hat eine Schleife.
Das Kleid ist im Eierbecher.
Der Pfeil steigt aus der Flasche.
Der Papagei hat drei Seiten.
Das Ei turnt am Seil.
Die Zeitung trifft den Kreis.

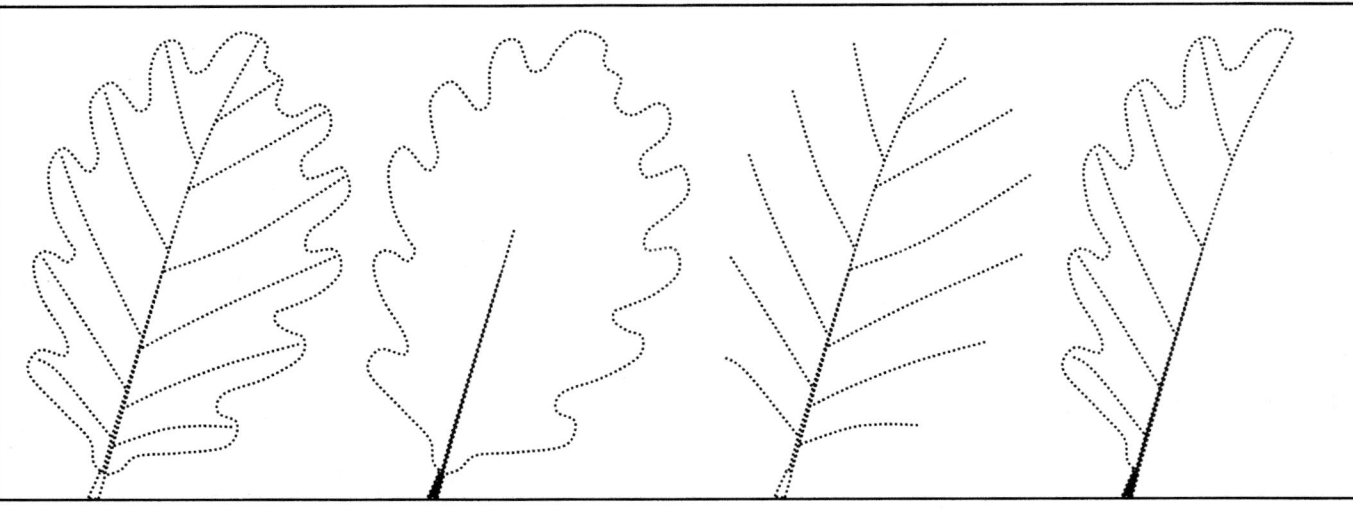

1.) Silbenrätsel: lesen, suchen, schreiben, durchstreichen
   Silben klatschen!
2.) Muster fortsetzen

1)

ar	aus	be	bei	ben	ben	brei	den	ei
ein	fen	len	len	nen	nen	rei	rei	rei	schei
schnei	schrei	sei	sen	tei	ten	ten	ten	wei

ar-bei-ten, schnei-den, wei-nen, schrei-ben, tei-len, rei-ben, be-ei-len, rei-sen, aus-brei-ten, schei-nen, rei-ten, ein-sei-fen

arbeiten

2)

1.) Wörter mit „ein" rot / mit „eine" blau anmalen,
    Anzahl eintragen, schreiben
2.) 3 Eis sind gleich und 10-mal 2 Eis sind gleich. Suche sie.

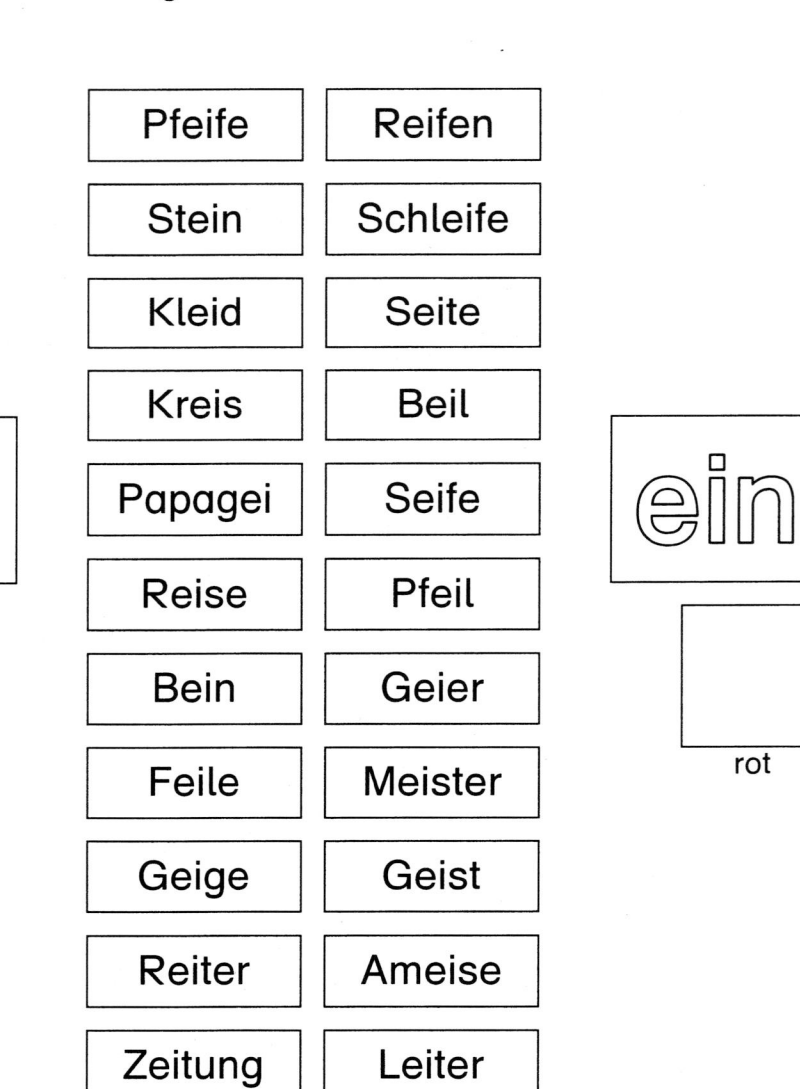

1)

Pfeife	Reifen
Stein	Schleife
Kleid	Seite
Kreis	Beil
Papagei	Seife
Reise	Pfeil
Bein	Geier
Feile	Meister
Geige	Geist
Reiter	Ameise
Zeitung	Leiter

ein — blau

eine — rot

2)

1.) lesen, ins Heft schreiben, lesen
2.) Finde den Weg der Henne zum Ei.

1)
○ne kl○ne ○ergeschichte

Das kl○ne und das große ○ wollten ○nmal w○t weg verr○sen. Aber w○l sie so rund und w○ch waren, fielen sie l○der b○m Laufen immer um. Da sagte das kl○ne zum großen ○: „Lass uns ○nfach dah○m bl○ben, da ist es auch f○n und gemütlich."

Kannst du die Geschichte lesen?
Es geht einfach, wenn du für jedes ○ „ei" oder „Ei" einsetzt.

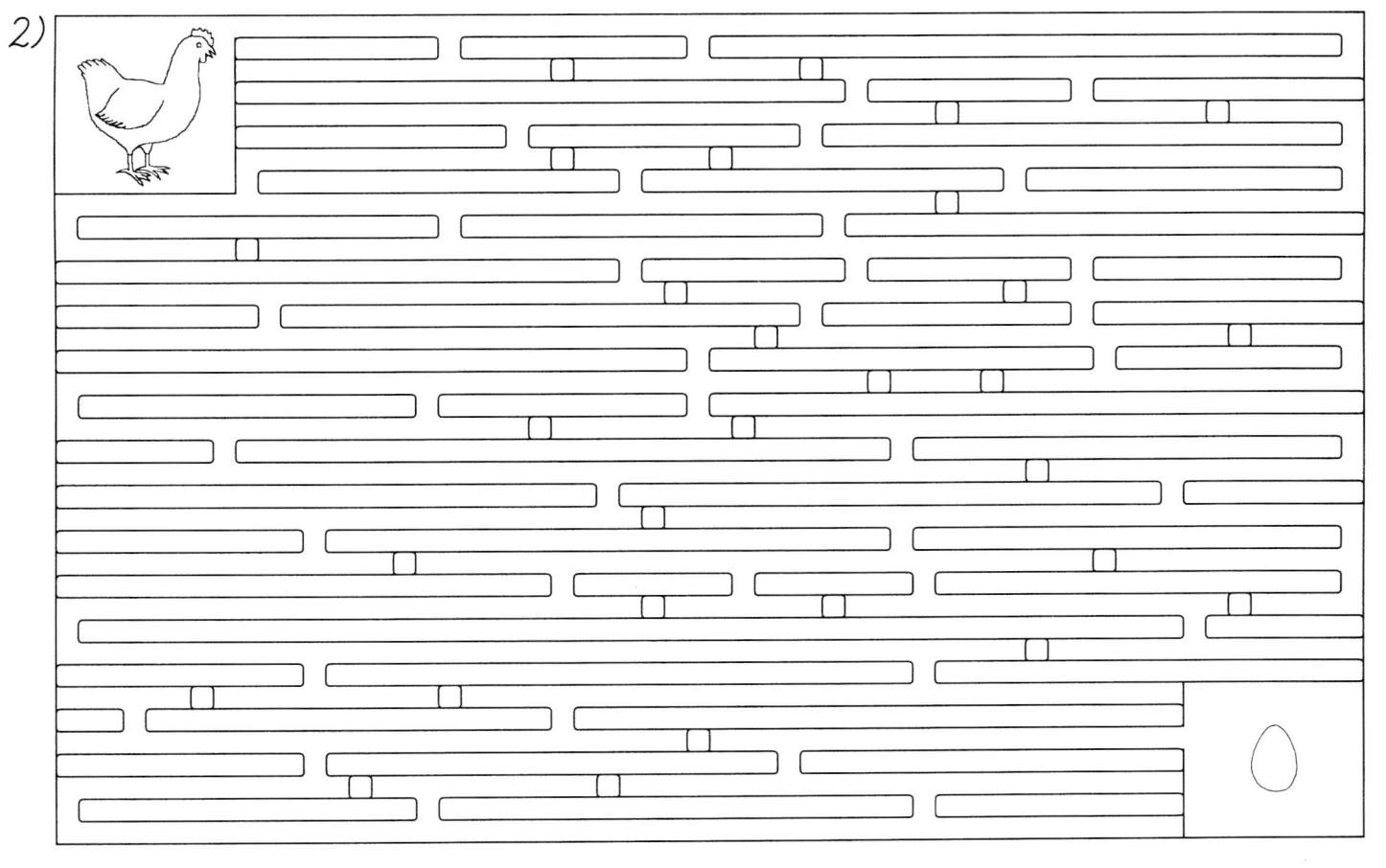

2)

1.) Spiegelschrift lesen, Wort und Bild verbinden, Wort schreiben
2.) Paare finden / Welches Gesicht bleibt übrig?

1)
Eicheln
Kleid
Eimer
Pfeil
Eichhörnchen
Pfeife
Eis
Zeichnung
Eisenbahn

2)

Sprech-, Schreibanlass

Naschkätzchen trifft Leckermäulchen

Rezeptvorschlag

Obstsaft-Leckeis

Obstsaft-Leckeis kannst du einfach zubereiten. Es kostet nicht viel und schmeckt außerdem prima!

Zutaten:
1 Flasche dickflüssiger Obstsaft oder Mulivitaminsaft

Zubereitung:
1. Schüttle die Obstsaftflasche kräftig, bevor du sie öffnest.
2. Fülle den Saft in Gefriereisförmchen und setze den Deckel darauf. Wenn du willst, kannst du als Überraschung in jedes Förmchen noch ein Gummibärchen oder eine Schokolinse legen.
3. Stelle das Eis in das Gefrierfach, bis es hart geworden ist.

Erdbeer-Leckeis

Zutaten:
1   Becher Naturjogurt
2 EL   Zucker
1/8 l   Sahne
2 EL   Erdbeermarmelade

Zubereitung:
1. Gebe alle Zutaten in eine Schüssel und verrühre sie gut mit dem elektrischen Rührgerät.
2. Fülle die Masse in kleine Gefriereisförmchen und setze den Deckel darauf.
3. Stelle das Eis mindestens 3 Stunden in das Gefrierfach.

Orangeneis

Zutaten:
600 ml Sahne (3 Becher)
100 g   Zucker
1 Prise Salz
¼ l   ausgepresster Blutorangensaft
2 Pck. Vanillinzucker

Zubereitung:
1. Schlage einen Becher Sahne mit Zucker und Salz sehr steif.
2. Rühre den Blutorangensaft mit dem Schneebesen vorsichtig unter die Sahne.
3. Schlage die restliche Sahne mit dem Vanillinzucker steif und hebe sie unter die Orangensahne.
4. Fülle die Masse in leere Jogurtbecher und spanne Frischhaltefolie darüber.
5. Stelle das Orangeneis über Nacht in das Gefrierfach.

Tipp: **_Das Eis lässt sich leichter aus den Förmchen lösen, wenn du diese ganz kurz unter heißes Wasser hältst._**

63

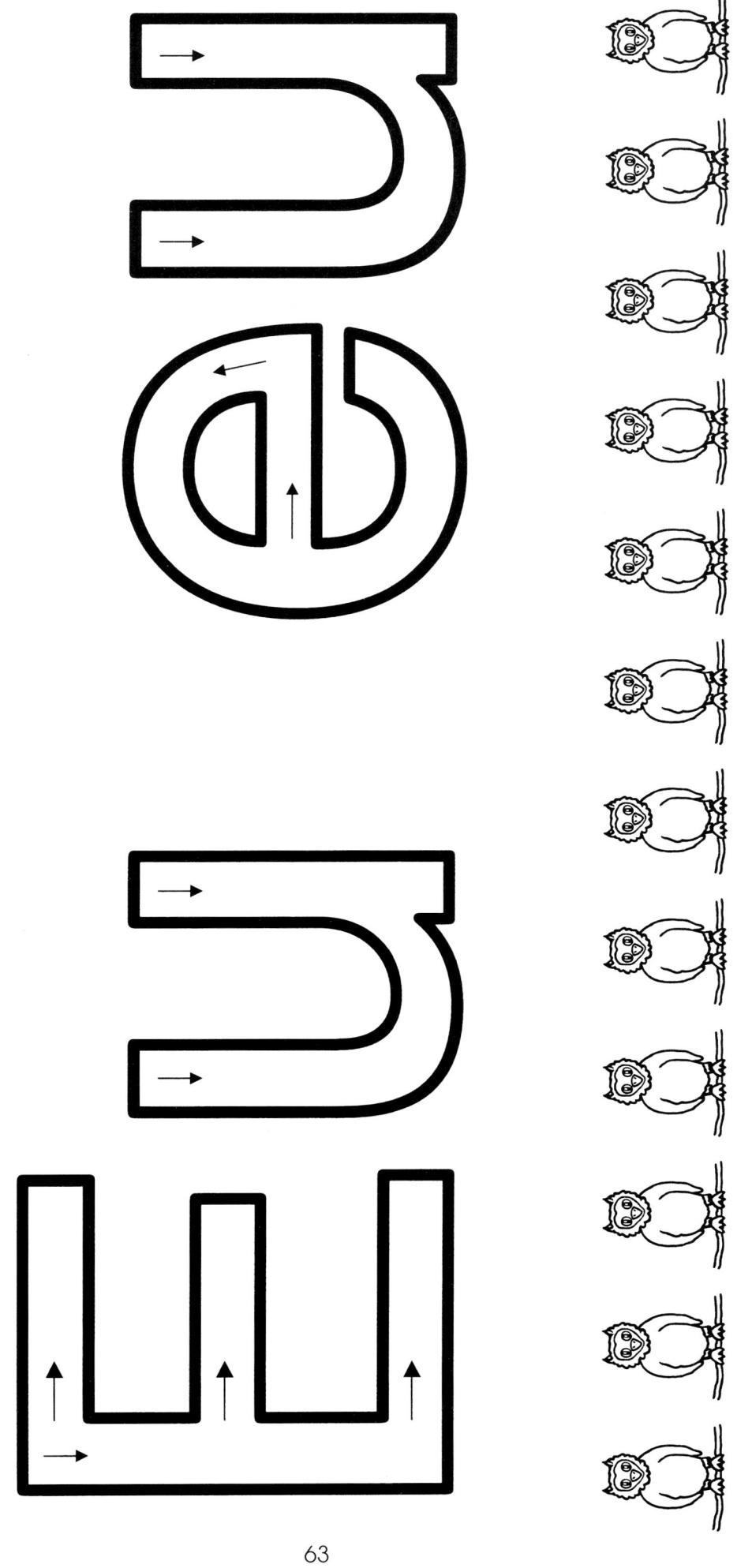

Lesetext mit Bildern

Geisterstunde

Seit vielen Wochen übt die kleine Eule jeden Tag fliegen.

Heute ist es endlich so weit!

Sie ist groß genug und darf mit ihren Eltern auf die Jagd gehen.

Am Abend schweben sie über Wiesen und Felder.

Als es dunkel wird, landen sie auf den Mauern der alten Burgruine.

Der Vater ist ein guter Jäger. Er zeigt seinem Kind, wie man Mäuse fängt. Aber die Mäuse sind einfach zu schnell.

Die kleine Eule muss noch viel lernen!

Dann schlägt die Uhr zwölf Mal: dong, dong, dong, ...
GEISTERSTUNDE!

Plötzlich erscheinen überall in der Burg Gespenster.

Die kleine Eule zittert vor Angst.

„Hallo, willst du mit mir spielen?", piepst eine Stimme.

Ein kleines Gespenst schwebt vor der Eule auf und ab.

Das Eulenkind muss nicht lange überlegen.

Gemeinsam fliegen die zwei neuen Freunde bis zum Morgengrauen.

Beim Abschied flüstert das kleine Gespenst: „Wenn du wieder kommst, zeige ich dir mein Geheimnis."

1.) **Eu/ eu** hören, Abbildungen zum Eu/ eu umkreisen
2.) die umkreisten **Eu/ eu** - Wörter schreiben
3.) Hindernisse umfahren

1)

2)

3) **Schaue genau!**

1.) Wörter mit **eu** lesen, schreiben
2.) 8 Eu suchen, einkreisen, schreiben

1)

hat 🔥 gemacht ...
Welche Buchstaben sind verbrannt?

n🔥n   f🔥cht   t🔥er   n🔥

tr🔥   d🔥tsch   fr🔥ndlich

🔥ch   🔥er   h🔥te

2)

Eu	uƎ	uE	nE	En	uF	Fn	Fu	Eu	Lu
Ln	nᒲ	uꟻ	Ǝn	nƎ	Eu	nꟻ	uꟻ	ꟻn	uᒲ
En	Lu	uE	nE	uF	Fn	Fu	nF	uƎ	Ln
nᒲ	Eu	Ǝn	Ǝn	Eu	ꟻu	nꟻ	nE	ꟻn	uᒲ
Ǝu	En	uƎ	uE	nƎ	Ln	Fu	En	Eu	uE
ꟻu	Ǝu	Lu	En	nE	En	uƎ	Ǝu	uE	nꟻ
uE	En	Eu	Ǝn	Fn	nƎ	Eu	nE	Fu	Lu

Eu

66

1.) 10 Wörter suchen, farbig markieren
2.) Wörter schreiben
3.) 5 Unterschiede finden

1)

E	U	L	E	A	F	R	E	U	N	D	G	O
H	A	L	E	U	T	E	O	I	H	E	U	K
R	E	U	N	L	F	K	R	E	U	Z	T	G
N	T	E	U	F	E	L	E	H	I	E	N	F
L	E	U	R	O	F	B	E	U	L	E	Z	O
E	N	U	F	R	E	U	D	E	E	N	U	I
U	E	D	G	U	N	G	E	H	E	U	E	R

2)

3)

Sprech-, Schreibanlass

Angst...

_____

_____

_____

_____

_____

_____

_____

_____

_____

Bastelvorschlag
(Teil 1)

Eulen-Gespenster-Mobile

Benötigtes Material:

Papiertaschentücher
Watte
Nähfaden
1 schwarzer Filzstift
1 dicke, spitze Nadel
1 kahler Ast
braunes Tonpapier
Schere

Arbeitsanweisung:

1. Forme aus Watte eine kleine Kugel und lege sie in die Mitte eines Papiertaschentuchs. Umwickle die eingepackte Kugel mehrmals mit einem dünnen Faden und verknote ihn.
2. Male ein Gespenstergesicht (Auge – Auge – Mund).
3. Ziehe durch den Kopf des Gespenstes einen dünnen Faden und hänge es an die Decke, ans Fenster oder an einen Ast.
4. Jetzt kannst du noch eine Eule basteln. Zeichne dazu einen Eulenkörper und 2 Flügel auf das braune Tonpapier.
5. Die Augen bestehen aus 3 verschieden großen Kreisen, die du aufeinander klebst (braun, weiß, schwarz). Den Schnabel und die Kopffedern malst du mit einem schwarzen Stift an. Der Körper und die Flügel bekommen ein Muster wie auf dem Bild.
6. Klebe die Eule zusammen und hänge sie mit einem dünnen Faden zwischen die Gespenster.

Bastelanleitung
(Teil 2)

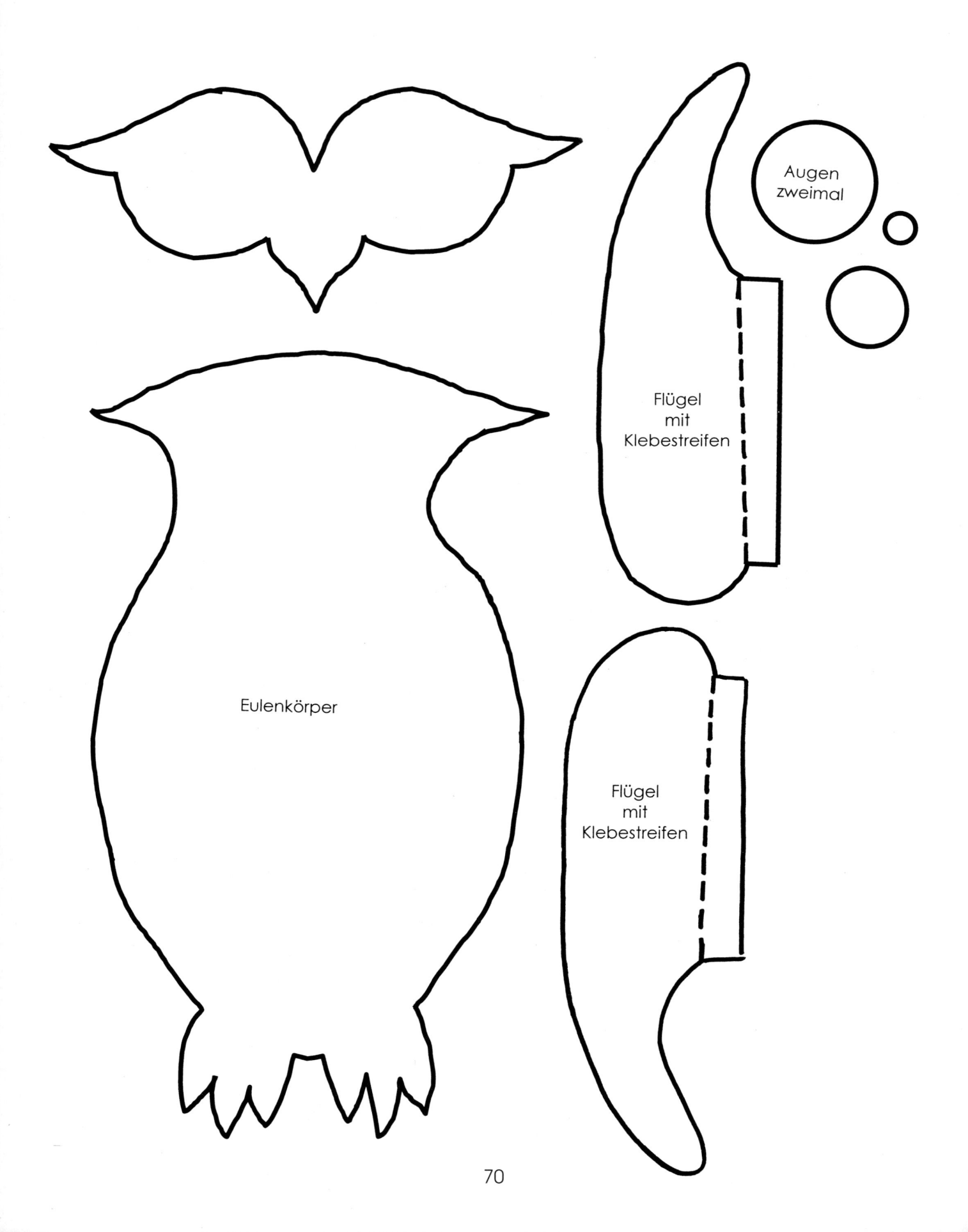

Kopiervorlage: Mobile

Augen
zweimal

Flügel
mit
Klebestreifen

Eulenkörper

Flügel
mit
Klebestreifen

Rezeptvorschlag

Tag-Nacht-Kuchen (Eulenkuchen)

Zutaten:

2 Pck. Vanillepudding
2 Pck. Schokoladenpudding
1 l   Milch
1 Pck. Butterkekse
Kokosflocken

Zubereitung:

1. Koche den Vanillepudding und den Schokoladenpudding nach Anleitung. Nimm nur die halbe Menge Milch wie vorgeschrieben, damit der Pudding sehr dickflüssig wird.
2. Spüle eine Kastenglasform mit kaltem Wasser aus und schichte in der Reihenfolge:
   Schokoladenpudding - Kekse - Vanillepudding - Kekse usw.
   Die letzte Schicht besteht aus Keksen.
3. Stelle den Kuchen ca. 1 Stunde in den Kühlschrank.
4. Löse die Ränder mit einem Messer, stürze den Kuchen auf eine große Platte und bestreue ihn mit Kokosflocken.

Didaktischer Hinweis

V

Bei lautorientierten Erstschreibungen nach der Methode des freien Schreibens wird V/v in der Regel durch F/f (Fogel) bzw. durch W/w (W̲ase, Kla̲w̲ier) ersetzt.

Erfolgen im Unterricht diese „fehlerhaften" Schreibungen für alle Mitschülerinnen und Mitschüler sichtbar (z.B. an Tafel, Tageslichtprojektor u. Ä.) darf diese Schülerleistung nicht abgewertet werden. Mit dem Hinweis, dass diese Schreibung für alle Anwesenden verständlich ist, würdigt die Lehrkraft die Anstrengung des Kindes, verweist im gleichen Moment aber darauf, dass in offiziellen Medien (Buch, Zeitung usw.) dieses Wort in einer anderen Schreibung auftritt und setzt die orthografisch richtige Schreibweise neben die Schülerversion.

Da die mit diesen Graphemen korrespondierenden Laute akustisch nicht voneinander abgegrenzt werden können, müssen Wörter mit V/v übend gelernt, eingeprägt und sicher im Langzeitgedächtnis verankert werden. Unterschiedliche Lern- und Speichergeschwindigkeiten der Schülerinnen und Schüler erfordern zusätzliches Übungsmaterial und Binnendifferenzierung des Unterrichts.

Arbeitsschwerpunkte im sprachkundlichen Bereich sind z.B. Wortbildungen mit den Vorsilben ver- und vor- (Zuordnen, Legen, Kleben von Wortbausteinen).

Fächerübergreifende Themen:
Verkehrserziehung, Verkehrszeichen, Verhalten im Verkehr

Bastelvorschläge:
Dekorative Vögel aus: Bunt-/ Seidenpapier, Rindenstück und Blättern, kleinen Luftballons mit Dekofedern und Pappfuß, Pappmaché oder Wollknäueln jeweils mit Papierschnabel und Papierschwanz.

Bleivogel-Schießen (sandgefüllte Stoffsäckchen mit 4-8 Krepppapier-Streifen als Flugschwanz).

Spielvorschlag: „Alle Vögel fliegen hoch", „Vogel piep einmal".

Buchvorschläge:
A. Sommer-Bodenburg: Der kleine Vampir, Bertelsmann, Gütersloh 1986.
R. Welsh: Das Vamperl, DTV, München 2001.

Dinge im Tastsack/ Präsentationstisch

Vampirgebiss	Vergissmeinnicht
Vanillesoße (Pck.)	Verkehrsschild
Vanilleschote	Videokassette
Vanillinzucker (Pck.)	Vier (Umriss)
Vase	Vogelfutterring
Veilchen	Vogelnest
Ventil (Fahrrad)	Vollkornbrot
Ventilator	Vollkornbrötchen
Verbandskasten	Vorhang

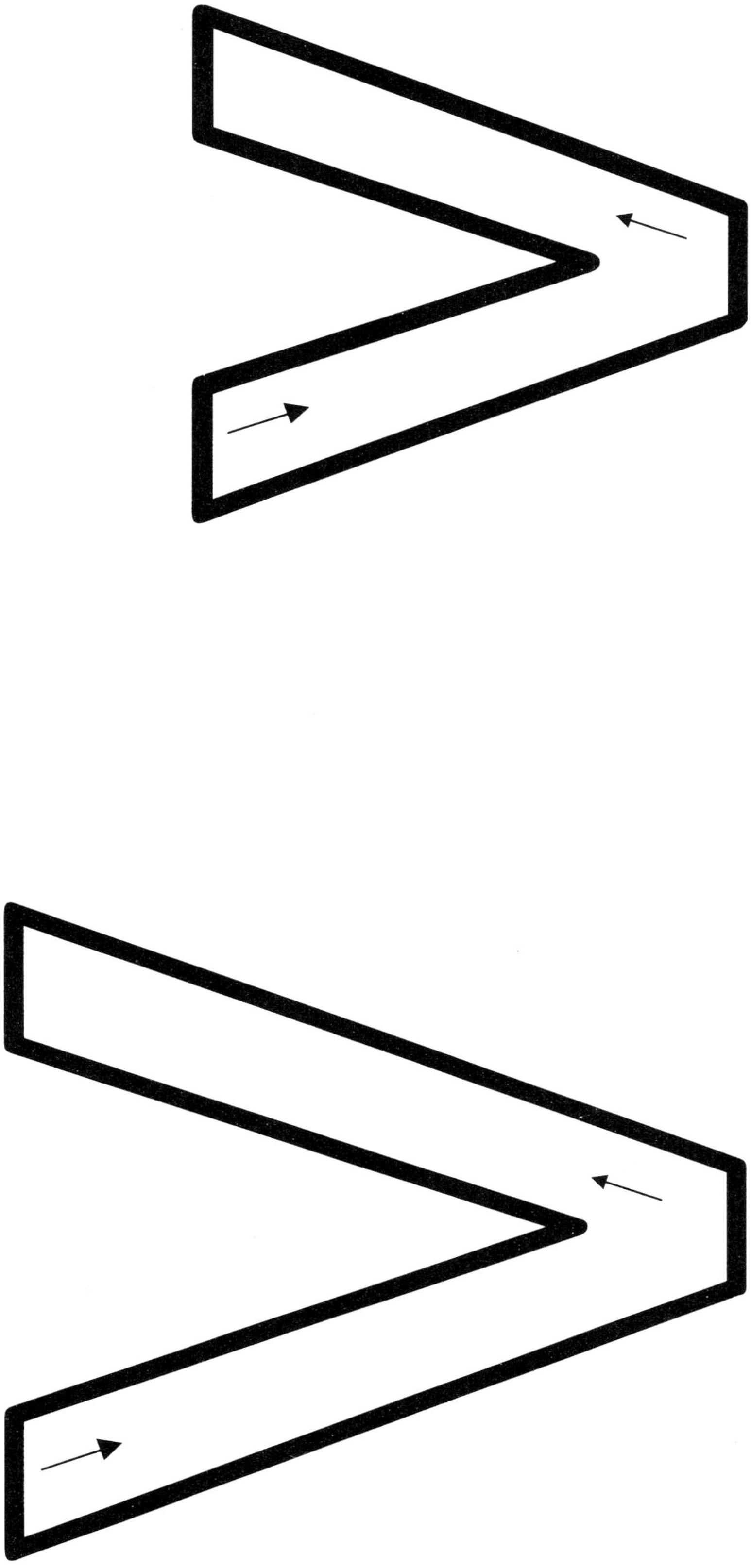

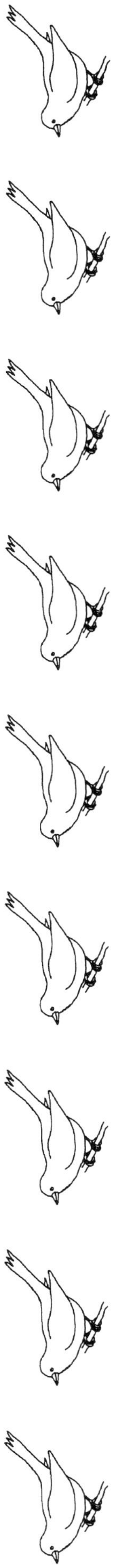

Lesetext mit Bildern

Der kleine Adler

Pieps ist vor zehn Tagen aus dem Ei geschlüpft.

Im Nest der Vogelfamilie ist es laut und viel zu eng.

In seinen Träumen kann Pieps schon wie ein großer Adler fliegen.

Aber seine Eltern meinen: „Warte noch, bis deine Flügel ein bisschen gewachsen sind."

Doch Pieps will unbedingt fliegen!

Eines Tages hüpft er heimlich auf den Nestrand, macht die Augen zu und denkt ganz fest an den großen Adler.

Kräftig flattert er mit seinen kleinen Flügeln und landet -

PENG - tief unten auf dem Waldboden.

„Au!" Alles tut ihm weh! Pieps weint und ruft laut nach seinen Eltern. Doch die können ihn nicht hören.

Es wird dunkel und der kleine Vogel fühlt sich einsam.

Pieps friert und hat Hunger. Irgendwann schläft er ein.

Am nächsten Morgen nimmt Pieps noch einmal seinen ganzen Mut zusammen. Er hüpft auf einen Ast, schließt die Augen und denkt an den Adler.

Wieder schlägt er kräftig mit seinen kleinen Flügeln.

Pieps ist erwachsen geworden. Wie geht sein Leben weiter?

1.) hören, zuordnen, schreiben, lesen

Höre den Unterschied:

Vogel
Vater
Vase
Vorsicht
Ventil
Video
Verkehr
Veilchen
Vampir
Vulkan
Vorhang
Vanilleeis
Pulver
Klavier
Kurve
vier
voll
violett
viel
von
vor

Vorsicht vor verliebten Vampiren mit violettem Vanilleeis!

1.) Wörter vervollständigen, passendes Bild suchen, schreiben
2.) Wörter trennen, lesen
3.) V nachfahren

1)
...gel ...tilator ...pir
...band
...chen ...nilleeis
...fahrt ...kornbrot ...kan
...se ...ter ...hang

2) VOGELVORFAHRTVENTILATORVASE
VOLLKORNBROTVAMPIRVANILLEEIS
VATERVERBANDVULKANVEILCHEN

3)

1.) Wörter zusammensetzen, lesen
2.) passende Wörter aus 1.) ergänzen, schreiben, lesen
3.) Muster fortsetzen

1) verlieben - verloben - verheiraten

ver- stecken gessen bieten kleiden laufen binden suchen reisen gleichen trauen raten kaufen schenken stehen wechseln schreiben

2) In den Ferien _____ wir.

Wir _____ uns an Fasching.

Zum Geburtstag _____ wir schöne Dinge.

Der Arzt muss die Wunde _____ .

Ein Geheimnis darf man nicht _____ .

Hänsel und Gretel haben sich im Wald _____ .

Den Hausschlüssel darfst du nicht _____ .

Denke dir Sätze für die anderen Wörter aus! Schreibe sie ins Heft.

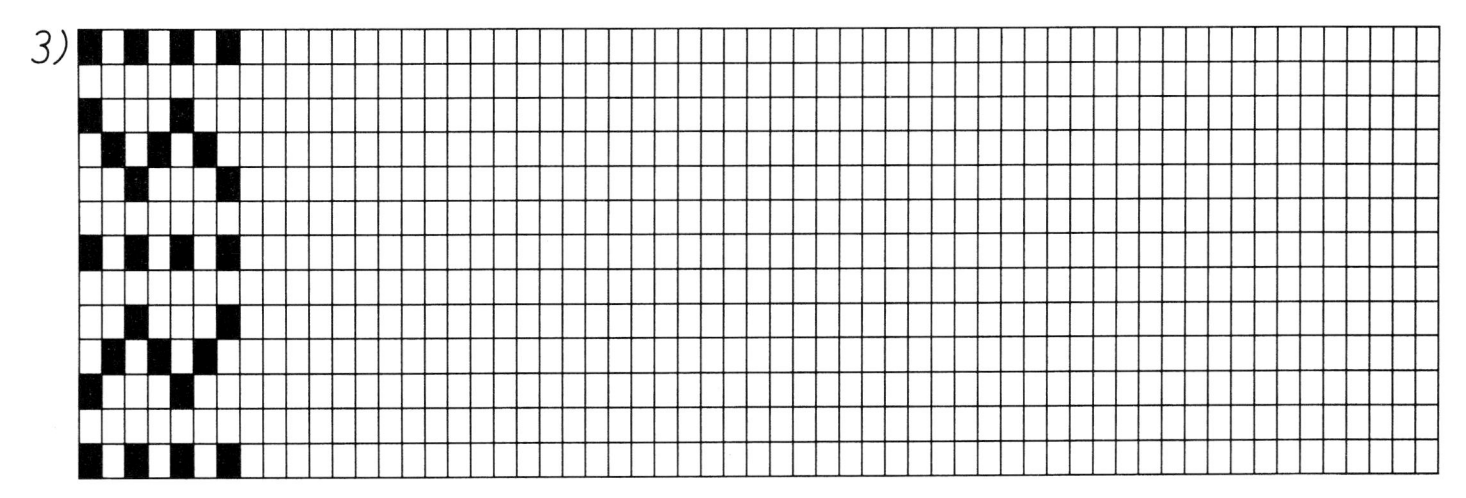

3)

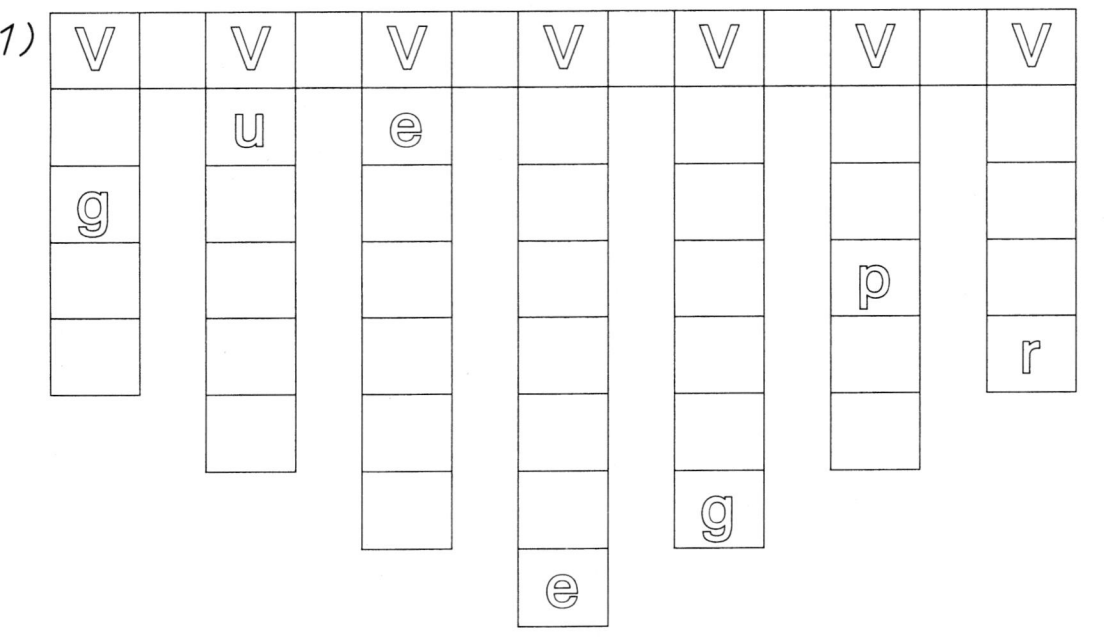

1.) Rätselkamm ausfüllen
2.) Wie kommen die Vögel ins Nest?
3.) lesen – sprechen / erklären – schreiben

1)

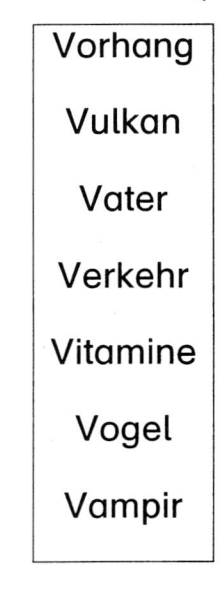

V	V	V	V	V	V	V
	u	e				
g					p	
						r
					g	
			e			

Vorhang
Vulkan
Vater
Verkehr
Vitamine
Vogel
Vampir

2)

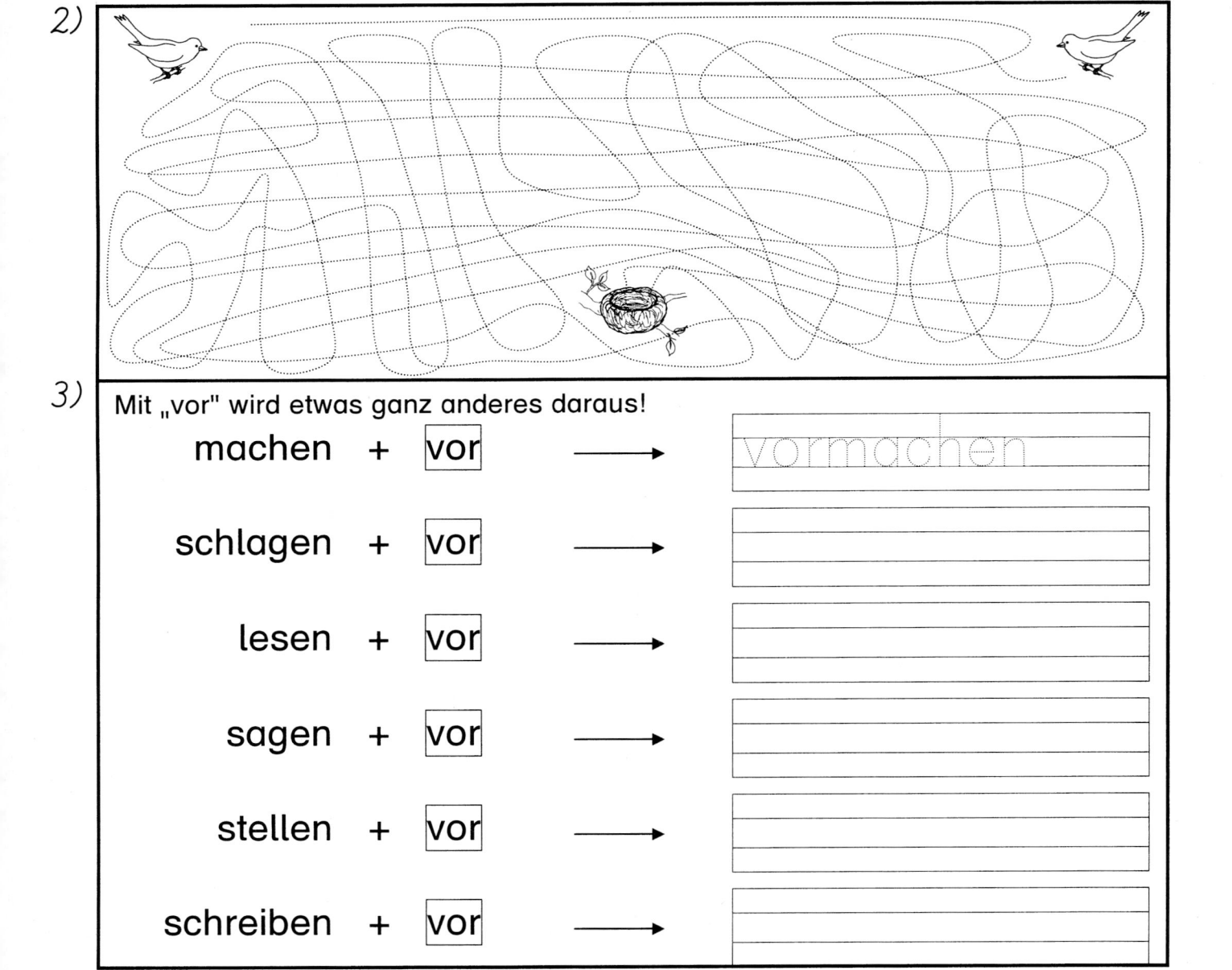

3) Mit „vor" wird etwas ganz anderes daraus!

machen + vor ⟶ vormachen

schlagen + vor ⟶

lesen + vor ⟶

sagen + vor ⟶

stellen + vor ⟶

schreiben + vor ⟶

1.) lesen, verbessern, Geschichte richtig schreiben
2.) Schau genau! Nur 2 Vögel sind gleich

1)

Hast du einen Vogel?

Xanessa erzählt Xalentin:

„Mein Xater hat ein tolles neues Auto - einen Xioletten XolXo.

In unserer Straße ist nämlich immer Xiel Xerkehr. Und Xorgestern hat unser Nachbar hinter der KurXe die Xorfahrt nicht beachtet. Er ist aus Xersehen mit Xoller Wucht in unseren alten XW gedonnert und hat ihn zu Schrott gefahren."

2)

Sprech-, Schreibanlass

Als ich einmal sehr mutig war ...

Bastelvorschlag

Vogelmobile

Benötigtes Material:

weißer, fester Karton oder buntes Tonpapier
buntes, quadratisches Faltpapier/ Seidenpapier oder Federn
Schere und Buntstifte
1 verzweigter kahler Ast
weißes Nähgarn
1 dicke, spitze Nadel

Arbeitsanweisung:

1. Fahre die Vogelschablone mit einem Stift auf dem Karton nach.
2. Bemale den Vogel bunt und schneide ihn aus. Male die Rückseite an.
3. Jetzt kannst du aus einem quadratischen Buntpapier eine Ziehharmonika falten und die Enden jeweils schräg abschneiden.
4. Schneide einen Schlitz in den Vogelkörper und schiebe das gefaltete Papier als Flügel durch.
   Anstelle des Papierflügels kannst du den Vogel auch mit Federn oder Seidenpapierschnipseln bekleben.
5. Befestige oben am Vogelkörper einen Faden und hänge viele Vögel an einen kahlen Ast.

Rezeptvorschlag

Vanillesoße auf Orangengelee

Zutaten:

200 g	Quark	1 Pck.	weiße Gelatine (gemahlen)
6 EL	Milch	2 EL	Zitronensaft
3 EL	Zucker	3 EL	Zucker
1	Vanillearoma	½ l	frisch gepresster Orangensaft
2	Vanillinzucker		

Zubereitung:
1. Rühre die Gelatine mit 5 EL kaltem Wasser an und lass sie 10 Minuten quellen.
2. Verrühre Quark, Milch, Zucker, Vanillearoma und Vanillinzucker zu einer dickflüssigen Vanillesoße.
3. Erwärme die gequollene Gelatine unter ständigem Rühren, bis sie vollständig gelöst ist und nimm sie vom Herd. Rühre dann den Zitronensaft und den Orangensaft mit dem Zucker dazu.
4. Richte das Orangengelee auf einem flachen Teller an, umrande es mit der Vanillesoße und stelle das Dessert kalt.

Vogelnester

Zutaten:
- 500 g Mehl
- 1 Pck. Trockenhefe
- 2 EL Zucker
- 1 EL Salz
- 3 dl Milch
- 60 g Margarine oder Butter
- 4 Eier

Zubereitung:
1. Gib Mehl, Zucker, Salz und Trockenhefe in eine Schüssel und vermische alles. Mache in der Mitte des Mehles eine kleine Mulde.
2. Erwärme die Milch vorsichtig, gib die Margarine (Butter) dazu und rühre, bis sie geschmolzen ist. Die Milch darf nur lauwarm sein!
3. Gieße die lauwarme Milch-Butter in die Mehlmulde und mische alles so lange, bis der Teig zusammenhält.
4. Jetzt kannst du den Teig auf dem leicht mit Mehl bestreuten Backbrett oder Tisch kneten, bis er weich und elastisch ist und nicht mehr an den Händen klebt.
5. Lege den Teig wieder in die Schüssel, deck ihn mit einem Handtuch ab und lass ihn an einem warmen Ort eine Stunde ruhen und groß werden.
6. Rolle die Hälfte des Teigs auf wenig Mehl 1 cm dick aus, lege eine Untertasse als Vorlage auf den Teig und schneide 4 Kreisplatten aus.
7. Forme aus dem restlichen Teig 8 „Würste", jede soll etwa 1 cm dick und 50 cm lang sein.
8. Drehe nun immer 2 Teigrollen wie eine Kordel und lege sie wie ein Kränzchen auf die Teigplatten.
9. Bestreiche die Teignester mit verquirltem Ei und setze ein ganzes Ei in die Mitte.
10. Heize den Backofen auf 200°C vor (Umluft 180°C) und backe die Vogelnester 20 Minuten, bis sie goldgelb sind.

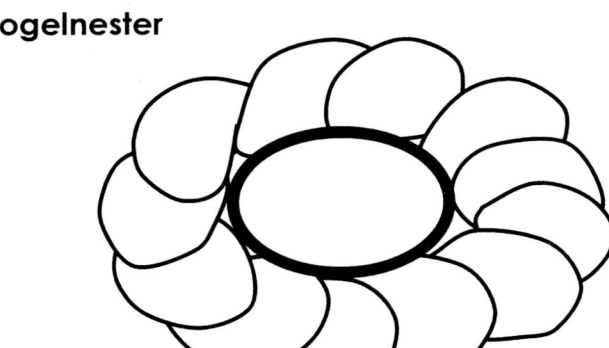

Didaktischer Hinweis

Ü Ä Ö

Nach unseren Erfahrungen aus der Diagnostik und der quantitativ-qualitativen Auswertung von Rechtschreibtests wird ä häufig mit dem ähnlich klingenden e verwechselt (Ernst – Ärmel/ Erle, Ersatz – Ärger). Einüben von logischen Wortableitungen vermittelt schon Erstklässlern Einblicke in den Aufbau der Sprache und eröffnet ihnen die Möglichkeit Regeln zu erkennen, umzusetzen und eventuell selbst zu formulieren.

Bei allen drei Umlauten ü – ä – ö muss die Einübung der Rechtschreibung auf jeden Fall mit Sprachkundeübungen und Wortfeldarbeit verknüpft werden.

Nachgewiesenermaßen entwickeln Kinder bei Übungen im Kontext sehr viel schneller ein sicheres Gefühl für Sprache und Wortbeziehungen, Pluralbildung, Wortfamilien usw.

Ü Themenvorschläge:
Polizei: Aufgabenbereiche, Einsatzgebiete, Berufsmerkmale und Besuch des örtlichen Polizeireviers
Rollenspiele und Situationserörterungen: „Was mache ich, wenn..." (Notfall-Telefonnummern einprägen, Ermutigung zu Hilfsbereitschaft und Sozialverhalten in besonderen Situationen, Einüben von Selbstschutz, Abgrenzung und „Nein - sagen - Können")
Informations- und Arbeitsmaterialien können kostenlos bei verschiedenen Institutionen und Organisationen angefordert werden (Polizei, Bund, Länder und Gemeinden, Kinderschutzbund, Jugendamt, kirchliche Träger usw.)

Ä Themenvorschläge:
Mein Körper; Gesundheit – Krankheit; Bekleidung (gruppiert nach Jahreszeiten, Berufsgruppen, unter völkerkundlichen und historischen Aspekten)
Buchvorschläge:
Doris Rübel: Wir entdecken unseren Körper, Ravensburger 1998.
L. Beckelman: Unser Körper, Tessloffs Welt des Wissens, Nürnberg 2000.
Spielvorschlag: Memory-Spiele zur Schulung der genauen Beobachtung und der Kurzzeitmerkfähigkeit (ein Kind verlässt kurz den Raum, Mitschüler verändern/vertauschen Kleidungsstücke); Personenbeschreibungen, Personenraten, Verkleidungsspiele

Ö Themenvorschläge:
Öl als Lebensmittel und Industrieprodukt (Gegenüberstellung), Konsistenz, Geschmacks- und Geruchsproben verschiedener Speiseöle (Kürbiskernöl, Walnussöl, Olivenöl, Maiskeimöl, Sonnenblumenöl u.a.); Aussehen, Konsistenz und Geruch von Motoren- und Maschinenöl.
Erste Einblicke in physikalische Eigenschaften von Stoffen durch einfache Versuche: z.B. Öl schwimmt auf Wasser, Wirkung eines Tropfens Dieselöl auf einer Wasserfläche, Brennbarkeit von Öl, Fettlösung mit Seife, Umweltverschmutzung durch Rohöl (Grundwasser/ Luft/ Meer)

84

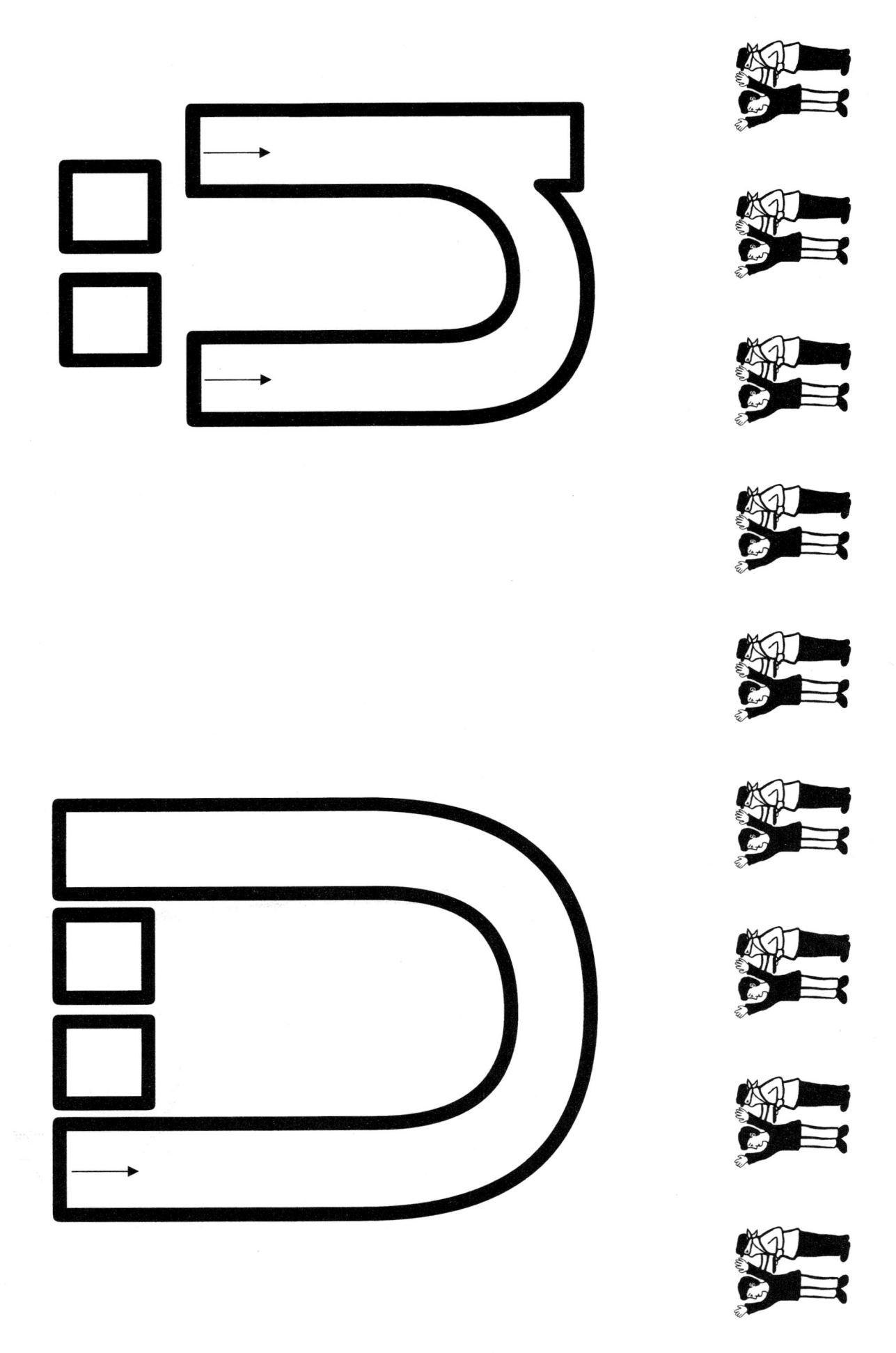

Lesetext

Überfall

Rrrriiiiing! Ungeduldig klingelt Günter an der Haustür.
Hmm - schon im Flur duftet es nach Waffeln: Günters Lieblingsgericht!

Gleich nach dem Essen macht er seine Hausaufgaben.

Heute hat Günter in der Schule das große Ü und das kleine ü gelernt und jetzt muss er Ü-Wörter suchen und ins Heft schreiben.

Später füttert Günter seinen Papagei Lora. Dabei spricht er ihm immer wieder vor: „Überfall, Überfall! Sag doch mal Überfall."
Aber Lora hat keine Lust und dreht einfach den Kopf weg.

Günter ist enttäuscht. Er geht in den Supermarkt und kauft sich dort ein Überraschungsei.

Plötzlich ruft jemand laut: „Überfall, Überfall, Überfall!"

Diese Stimme kennt er doch! Günter schaut sich um und was entdeckt er da? Auf einem Regal sitzt seine Lora und kreischt: „Überfall, Überfall!" Im Laden herrscht wildes Durcheinander.

Günter kauft schnell eine Tüte Vogelfutter und nimmt ein paar Körner in die Hand. Sofort flattert Lora auf seine Schulter.

Alle Leute im Supermarkt müssen lachen, als sie den Räuber sehen.

Mutter hat Lora schon vermisst. Sie ist froh, als Günter mit seinem Papagei auf dem Arm vor der Tür steht.

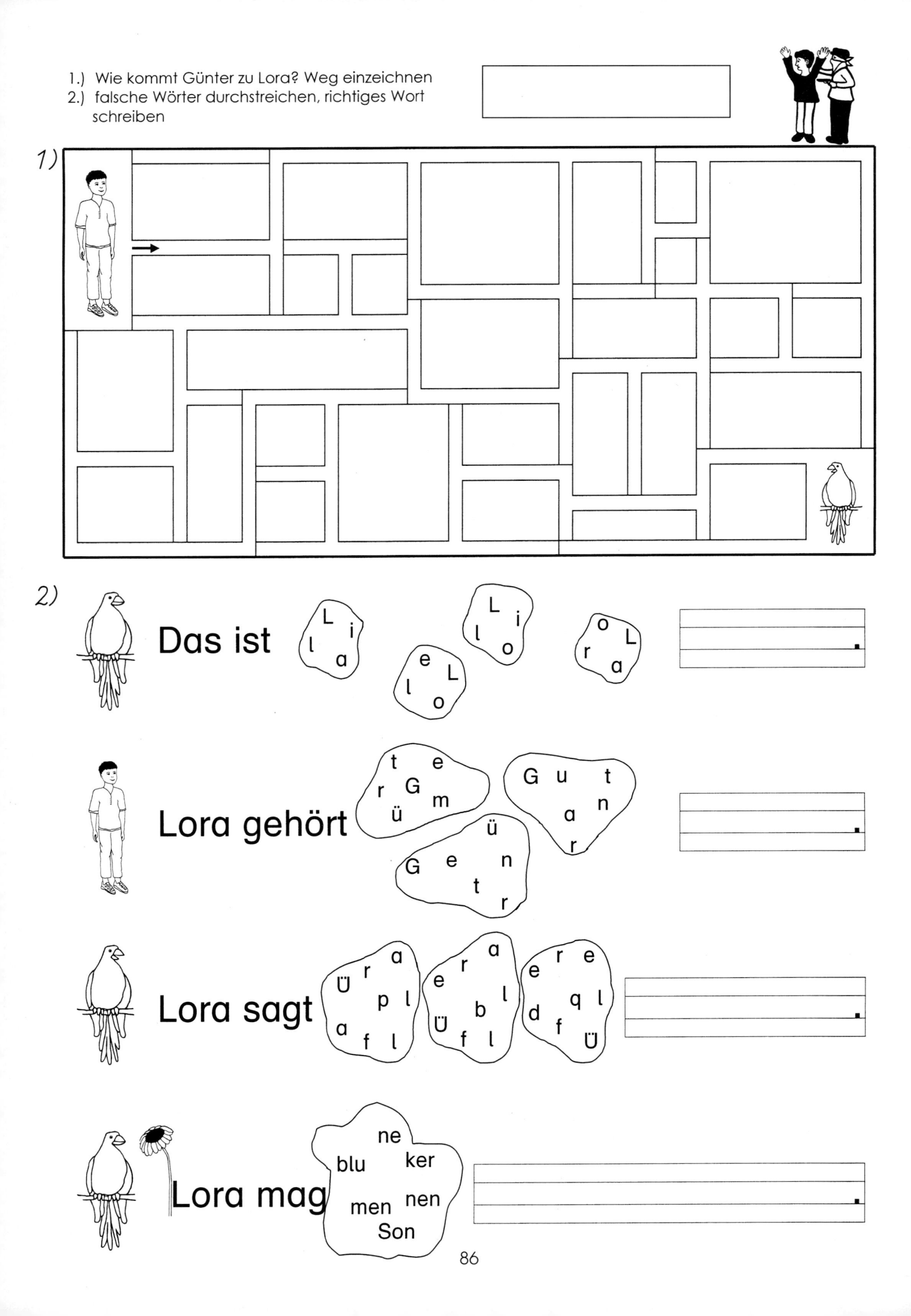

1.) Wie kommt Günter zu Lora? Weg einzeichnen
2.) falsche Wörter durchstreichen, richtiges Wort schreiben

1)

2)

Das ist ~~Lila~~ ~~Lello~~ **Lora**

Lora gehört ~~Grütem~~ **Gutar** ~~Gentr~~ ... Günter

Lora sagt ~~Üraplafl~~ ~~eraebÜfl~~ **erdqlÜ** ... (Üraplafl / ...)

Lora mag Blumenen / Sonnenblumen

1.) Wörter von Seite 88 ausschneiden und so aufkleben,
dass alle Ü / ü untereinander auf der Mittellinie stehen.

Ü

- tschüss
- PRÜFUNG
- für
- günstig
- Schlüssel
- Füller
- Kühlschrank
- Gemüse
- Bürste
- Tüte
- RÜBE
- Günter
- Mütter
- BÜGEL
- grün
- Müsli
- GÜRTEL
- Flügel
- Küche
- Prüfer
- Vergnügen
- Würfel
- GRÜNDE

Sprech-, Mal-, Schreibanlass

Ich verkleide mich

Bastelvorschlag

Räubermaske

Benötigtes Material:

Biegsamer Karton (weiß, rot oder schwarz)
durchsichtiger Gardinenstoff, Futterstoff (Taft) oder Tüll
Schere
Klebstoff
Gummiband / Fadengummi

Arbeitsanweisung:

1. Übertrage die Maskenschablone auf den Karton und schneide sie aus.
2. Schneide ein Stück Stoff zu (20 cm lang, 10 cm breit). Klebe den Stoff von hinten an den unteren Rand der Maske.
3. Befestige ein Gummiband so an beiden Seiten der Maske, dass sie gut am Kopf sitzt.

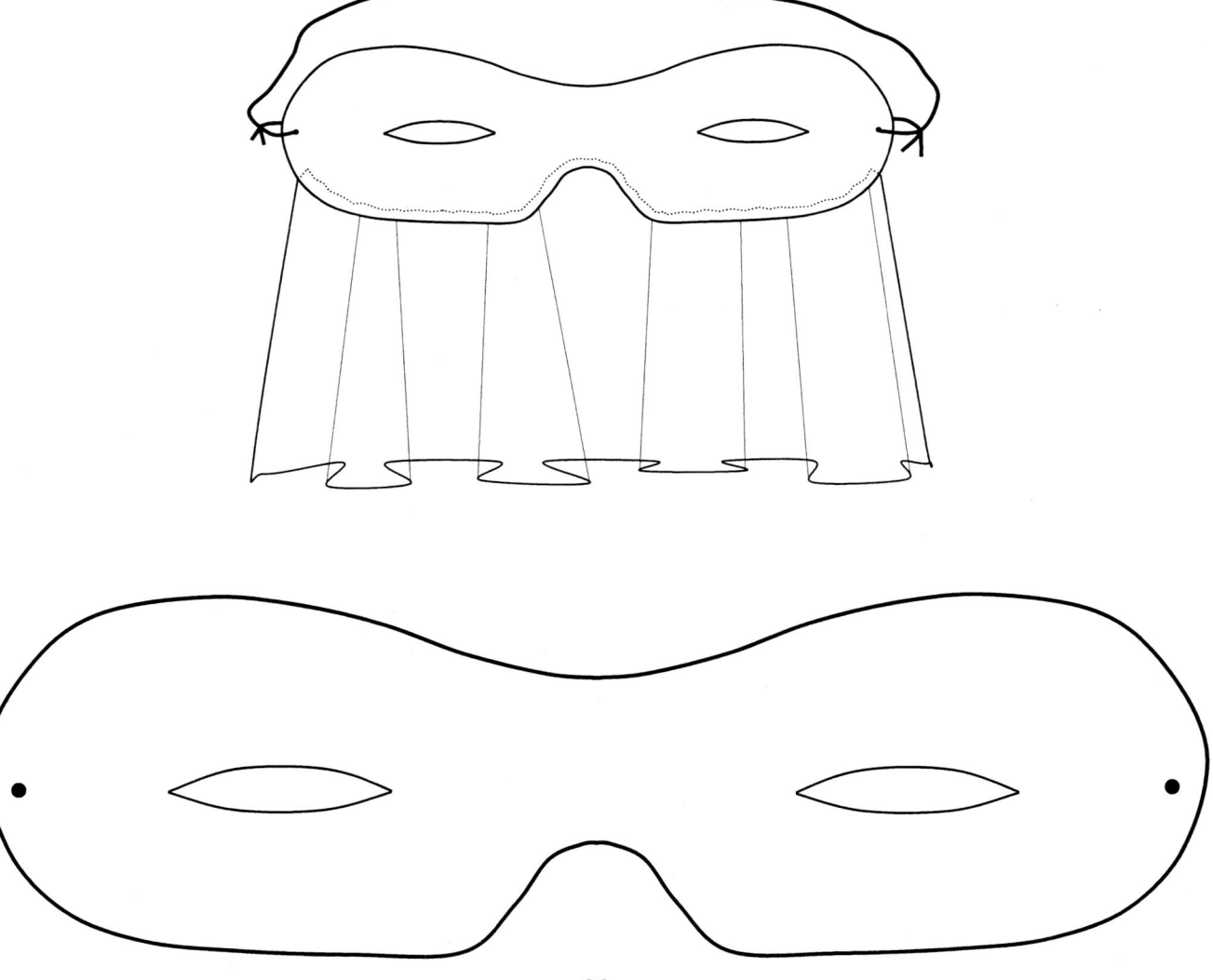

Rezeptvorschlag

Überraschungstorte

Zutaten:

- 12   Schoko-Küsse
- 250 g   Speisequark
- ½ l   Sahne
- 1 EL   Zitronensaft
- 1   Tortenboden mit Rand

Zubereitung:

1. Entferne die Waffelböden von den Schoko-Küssen.
2. Zerdrücke jetzt die Oberteile mit einer Gabel und verrühre die Masse mit dem Quark und dem Zitronensaft.
3. Schlage mit dem Handrührgerät die Sahne steif und rühre sie vorsichtig unter die Masse.
4. Verstreiche die Creme gleichmäßig auf dem Tortenboden.
5. Halbiere die Waffelböden und garniere die Torte damit.
6. Stelle die Torte ca. 1 Stunde in den Kühlschrank.

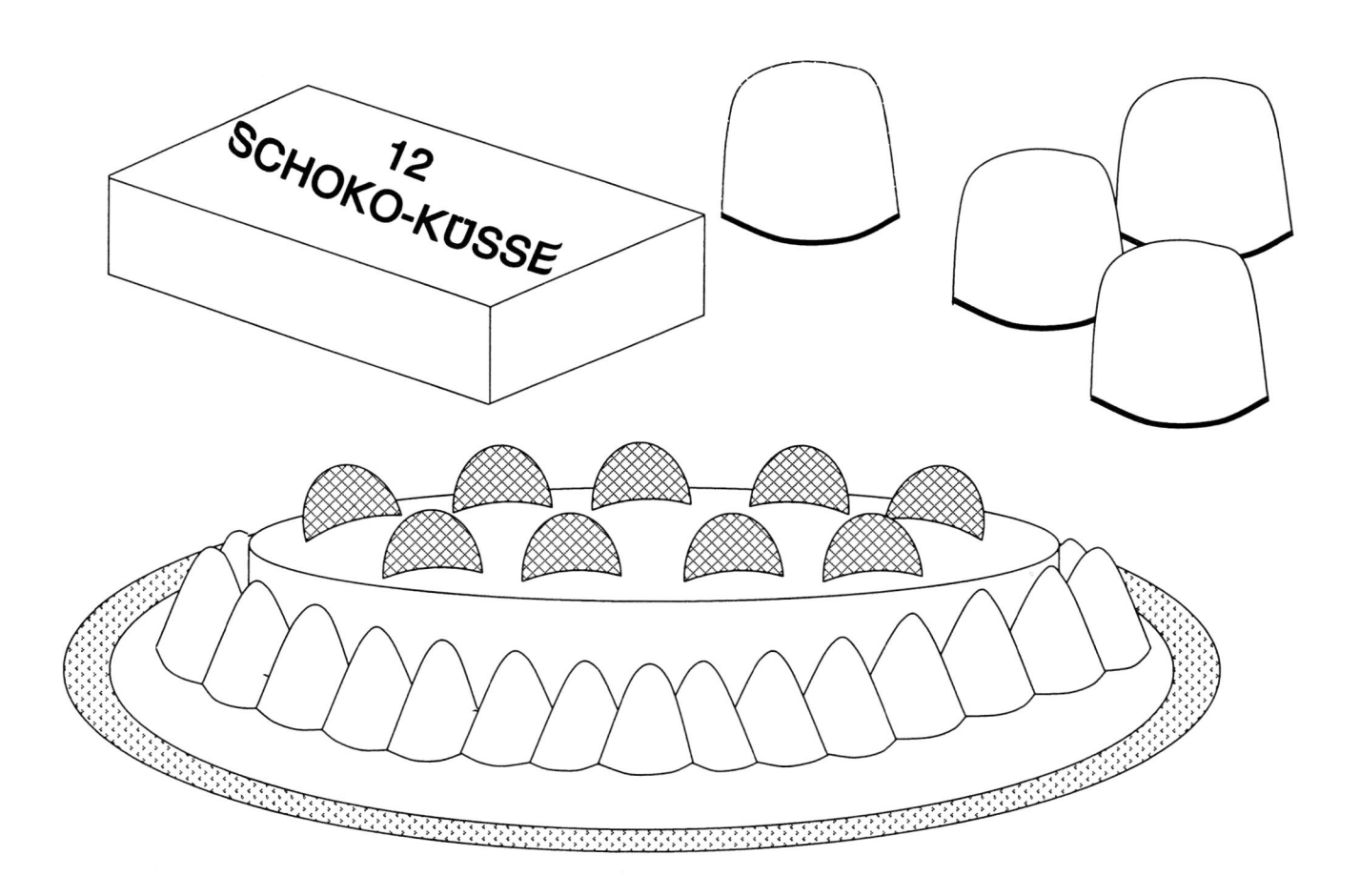

92

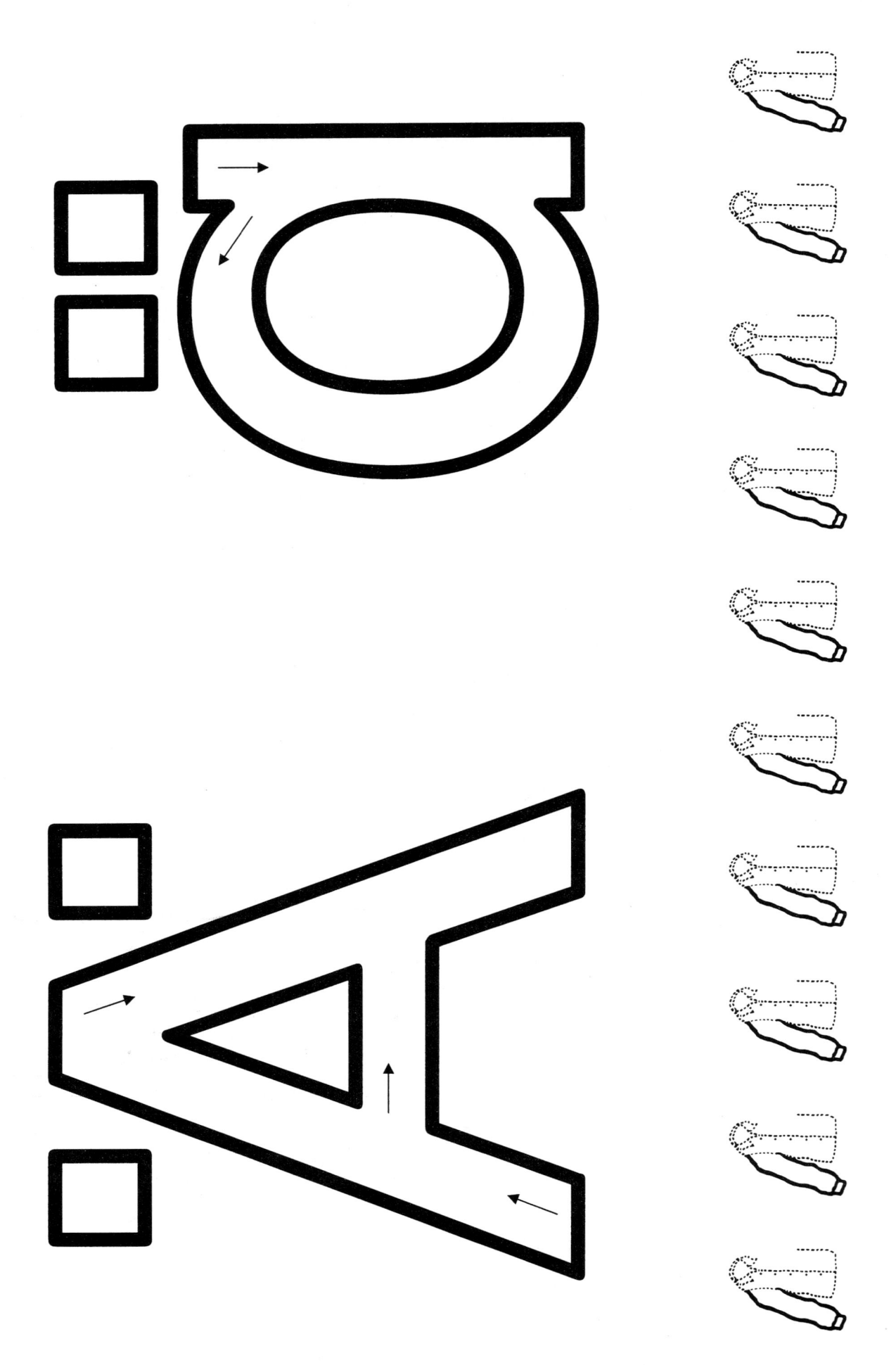

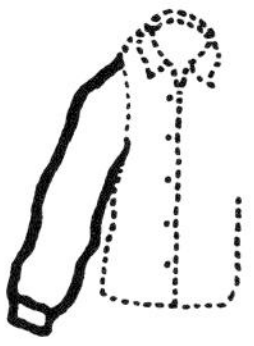

Lesetext mit Bildern

Die Geschichte von Arthur Ärmel

Eines Morgens verlässt Arthur Ärmel ohne seinen  Pullover das  Haus. Er wandert durch den Park zum 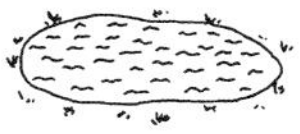 Teich. Hier setzt er sich auf eine 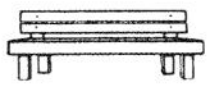 Bank.

Die Leute wundern sich: „Wieso kann ein  Ärmel alleine unterwegs sein?" Arthur antwortet nur kurz: „Mein  Pullover schläft noch im  Schrank."

Die  Frösche im 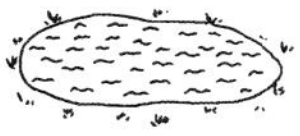 Teich quaken.

Ein besonders neugieriger  Frosch setzt sich neben Arthur. Noch nie hat er einen  Ärmel gesehen - und der  Ärmel hat noch nie einen  Frosch gesehen.

Mit großen  Augen lauscht der  Frosch den Geschichten über die bunte, weite Welt und will nun auch verreisen. Das hören die anderen im 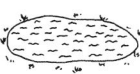 Teich. „Quak, quak, quak - wir wollen aber auch mitkommen!", schreien sie laut und - schwups - sind sie auch schon in den  Ärmel hineingeschlüpft.

Die Reise kann beginnen.

Als die Gesellschaft endlich beim  🧥 Pullover ankommt, schläft dieser zum Glück noch ganz tief.

Schnell näht die 🪡 Nadel Arthur 🧥 Ärmel wieder an seinem 🧥 Pullover fest.

Beim allerletzten Stich wacht der 🧥 Pullover auf...

1.) Dinge mit Ä/ä anmalen, falsche Dinge durchstreichen, Wörter schreiben
2.) Mehrzahl bilden, schreiben

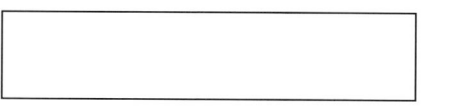

1)

Ä Ä Ä Ä Ä Ä Ä Ä Ä Ä Ä Ä Ä Ä

ä ä ä ä ä ä ä ä ä ä ä ä ä ä

2)

ein Zahn viele		ein Mann viele	
ein Rad viele		eine Bank viele	
ein Apfel viele		ein Blatt viele	
ein Ast viele		ein Ball viele	
ein Hahn viele		ein Schrank viele	
ein Band viele		ein Dach viele	
ein Kamm viele		ein Vater viele	
ein Glas viele		ein Gast viele	
eine Hand viele		ein Kran viele	

1.) Spiegelschrift lesen, Wörter schreiben
2.) Silben ausschneiden, Wörter zusammensetzen, ins Heft kleben, schreiben

1) Spiegelschrift-Wörter: erkälten, erklären, schälen, wälzen, erzählen, wählen, zählen, gähnen

2)

✂	gäh	len	zäh	wäh	er	len
schä	zäh	zen	len	len	wäl	er
ten	käl	klä	er	nen	ren

Sprech-, Mal-, Schreibanlass

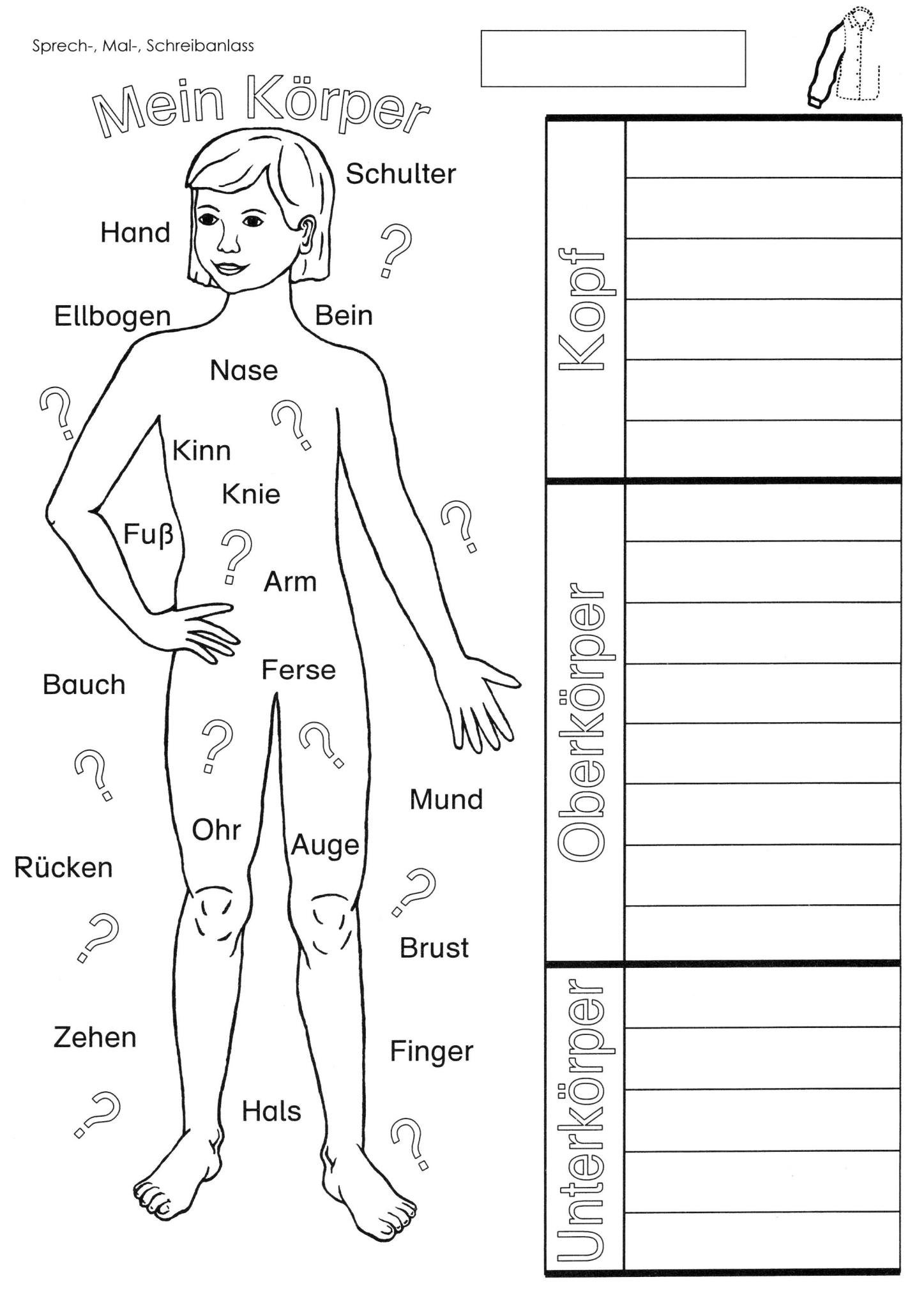

Mein Körper

Schulter
Hand
Ellbogen
Bein
Nase
Kinn
Knie
Fuß
Arm
Bauch
Ferse
Mund
Ohr
Auge
Rücken
Brust
Zehen
Finger
Hals

Kopf

Oberkörper

Unterkörper

98

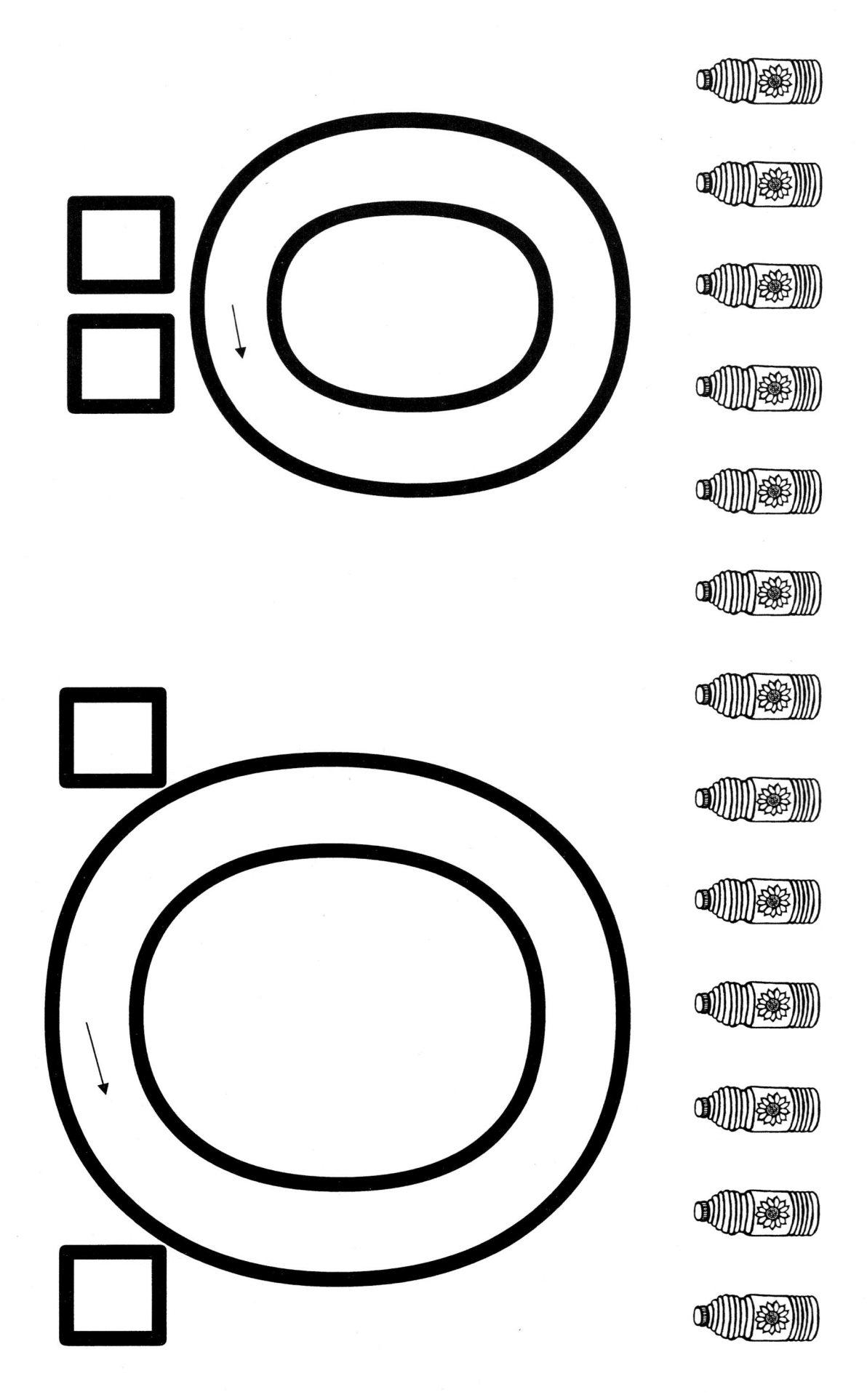

Lesetext

Die Geschichte vom Ö

Alle Buchstaben lachten über das Ö.

Es hatte keine Geschichte und sogar nicht einmal ein eigenes Bild.

War es vergessen worden?

Besonders gemein war das O. Es ärgerte sich! Zu gerne hätte es selbst diese zwei hübschen Punkte auf dem Kopf getragen.

Eigentlich war das Ö ein friedlicher Kerl.

Aber eines Tages wurde es sogar ihm zu viel:

„Hört endlich mit eurem dummen Geschwätz auf! Was wisst ihr denn schon über mich?!

Nur ich kann aus einem Vogel - viele Vögel zaubern.

Ohne mich gäbe es keine wilden Löwen.

Raketen, Flugzeuge, Rennwagen, Motorräder und Autos brauchen mich und mein Öl.

Und stellt euch nur einmal vor, wie eure Fahrräder und Roller ohne Öl quietschen würden?

Ich habe schon die ganze Welt gesehen: vom feinen Hotel in der Südsee bis zum Imbissstand an der Ecke.

Alle brauchen Öl zum Kochen und Backen!"

Mit großen Augen hatten die anderen Buchstaben zugehört. Keiner hätte dem stillen Ö so etwas zugetraut.

Plötzlich hatte das Ö viele Freunde und niemand lachte mehr über das Ö.

1.) Wörter bilden, lesen, schreiben
2.) Paare finden, kennzeichnen

1)

Oliven · Salat · farbe · bild · sardine · flasche · kanister · tank · lampe · wechsel · Sonnen · Maschinen

Öl

1.) nach der Größe sortieren, nummerieren
2.) Wörter richtig einsetzen

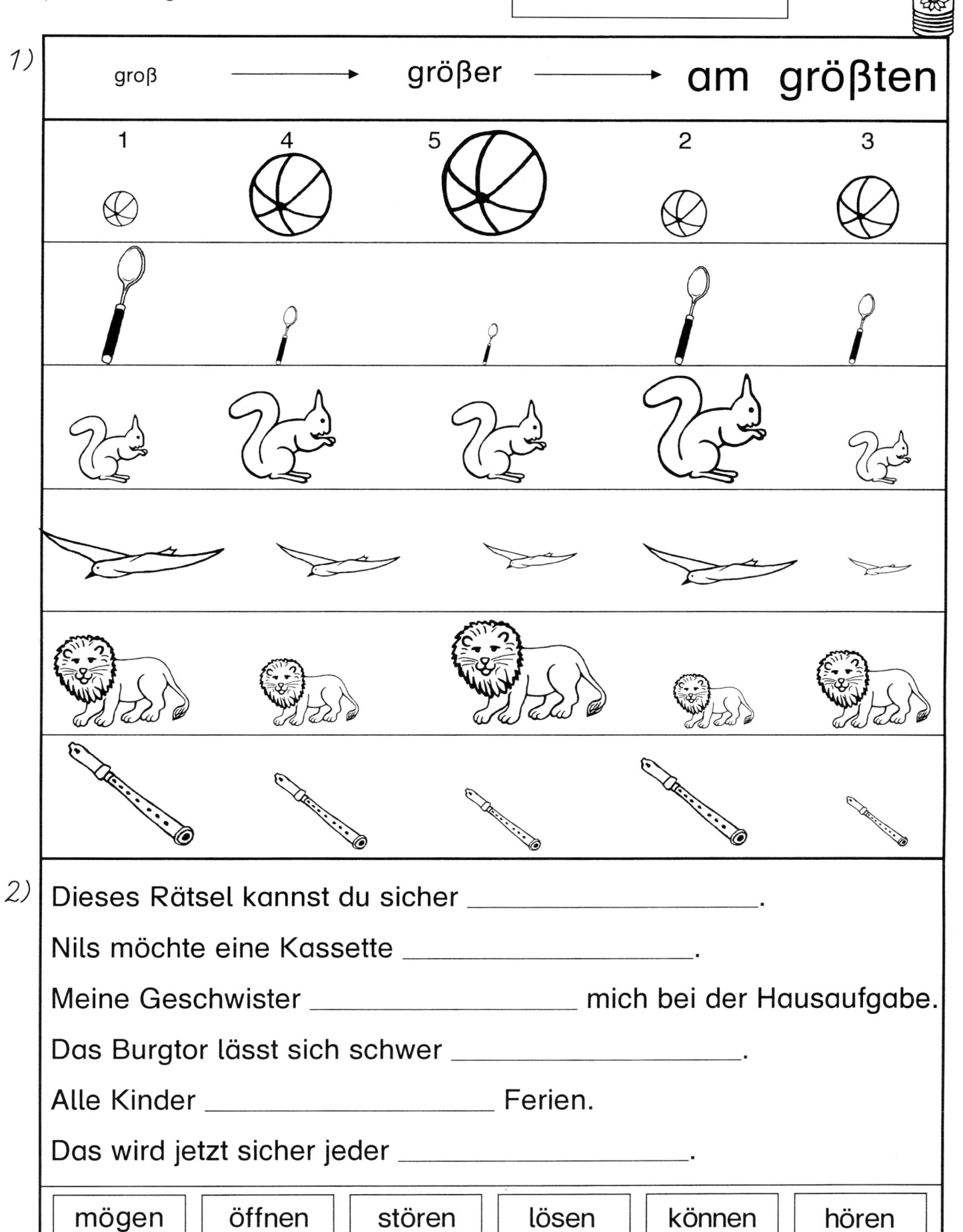

1) groß ⟶ größer ⟶ **am größten**

2)
Dieses Rätsel kannst du sicher _____.

Nils möchte eine Kassette _____.

Meine Geschwister _____ mich bei der Hausaufgabe.

Das Burgtor lässt sich schwer _____.

Alle Kinder _____ Ferien.

Das wird jetzt sicher jeder _____.

| mögen | öffnen | stören | lösen | können | hören |

Sprech-, Schreibanlass

☺ ☺ ☺ schön ☺ ☺ ☺ ☺ ☺ schön ☺ ☺ ☺

☺ _____ ☺

☺ _____ ☺

☺ _____ ☺

☺ _____ ☺

☺ _____ ☺

☺ _____ ☺

☺ ☺ ☺ schön ☺ ☺ ☺ ☺ ☺ schön ☺ ☺ ☺

☹ ☹ ☹ blöd ☹ ☹ ☹ ☹ ☹ blöd ☹ ☹ ☹

☹ _____ ☹

☹ _____ ☹

☹ _____ ☹

☹ _____ ☹

☹ _____ ☹

☹ _____ ☹

☹ ☹ ☹ blöd ☹ ☹ ☹ ☹ ☹ blöd ☹ ☹ ☹

Didaktischer Hinweis

C Qu X Y

Den Schülerinnen und Schülern sind die Buchstaben durch das im Klassenzimmer angebrachte Alphabet bereits bekannt (s. Grundband Seite 5 ff).
Die Lerneinheiten zu diesen in der deutschen Sprache nur selten vorkommenden Buchstaben beschränken sich auf eine recht kurze Hervorhebungs- und Übungsphase, da Wörter mit C/c, Qu/qu, X/x, Y/y im Rechtschreibunterricht der 3. und 4. Klassenstufe noch einmal gezielt aufgegriffen werden.

C

Wörter und Eigennamen mit C/c stammen weitgehend aus dem Bereich der englischen und der romanischen Sprachen (Französisch, Italienisch, Spanisch, Latein). Somit stellen sie orthographische Sonderformen dar, deren Wortbilder gelernt und optisch gespeichert werden müssen.
Die unterschiedliche Aussprache als k (Computer), z (Cäsar) und s (City) wird in der Anfangsphase lautorientiert in Schrift umgesetzt.
Da der Schriftspracherwerb zu diesem Zeitpunkt weitgehend abgeschlossen ist, kann jetzt bereits konsequent nach orthographischen Gesichtspunkten gearbeitet und korrigiert werden.

Qu X Y

Die wenigen Wörter mit diesen Buchstaben können aufgelistet im Klassenzimmer über einen längeren Zeitraum ausgehängt werden und stehen somit den Schülerinnen und Schülern bei Bedarf zur Verfügung. Auch diese Schriftbilder werden durch Dauerpräsenz und gezielte Übungen eingeprägt.
Verwechslungsfehlern, die möglicherweise durch die unterschiedliche Aussprache in diesen Wortgruppen auftreten, wird somit kein Raum gegeben.
Das Graphem Qu/qu als Sonderschreibung für die Lautverbindung kw kommt nur in wenigen deutschen Wörtern vor (z.B. Qualle, Quatsch, Quelle, Quirl).
X/x steht in manchen Wörtern für die Lautverbindung ks (z.B. Max, Hexe, Nixe).
Y/y wird für ü oder i geschrieben (z.B. Gymnasium, Labyrinth, Zylinder, Baby, Hobby, Pony).
Buchvorschläge:
O. Preußler: Die kleine Hexe, Thienemanns, Stuttgart 1957 (Kassette und Buch).
A. Diehm, S. Szesny: Hexe Pollonia macht das Rennen, Albarello, Wuppertal 2001.
I. Uebe, S. Voigt: Timmi in der Hexenschule, Ravensburger 2001.
E. Zöller: Ich knall ihr eine! Emma wehrt sich, Thienemann, Stuttgart 2001.
J. Weidner, R. Kilb, D. Kreft: Gewalt im Griff, Weinheim 2000.
John Upledger: Auf den inneren Arzt hören, Irisiana-Verlag o.A.

Lesetext / Lügengeschichte

Die übrig gebliebenen Buchstaben

Es war wie in jedem Urlaub. Die Buchstaben arbeiteten fleißig.

Und alle ihre Haustiere wollten rechnen und malen.

Endlich hatten die Buchstaben auch Feierabend und legten sich gemütlich an den schön gedeckten Frühstückstisch.

Da klingelte es dreimal am Gartentor.

Neugierig schaute das freche F aus dem Fenster:

„Hoppla!", rief es erstaunt. „Die Handwerker sind da!"

Draußen standen sechs alte Freunde: C Qu W X Y Z.

Wie jede Woche waren sie aus der Stadt gekommen, um den anderen Buchstaben das Neueste aus ihrem tollen Leben als berühmte Fernsehstars zu erzählen.

Außerdem war heute ein ganz besonderer Tag: ihre Freunde M und N hatten Geburtstag.

Das Qu hatte als Geschenk einen kleinen Quakfrosch mitgebracht.

Das C spendierte eine Kiste Cola und das W hatte viele bunte Sorten Wassereis besorgt.

Nur X, Y und Z hatten den Geburtstag wieder einmal total vergessen!

Zur Strafe mussten sie M und N auf der Nähmaschine ein Bild vorspielen.

Alle anderen Buchstaben jodelten dazu laut im Chor.

Gemeinsam feierten und trommelten sie noch bis spät in die Nacht.

Da klingelte plötzlich das Telefon . . .

105

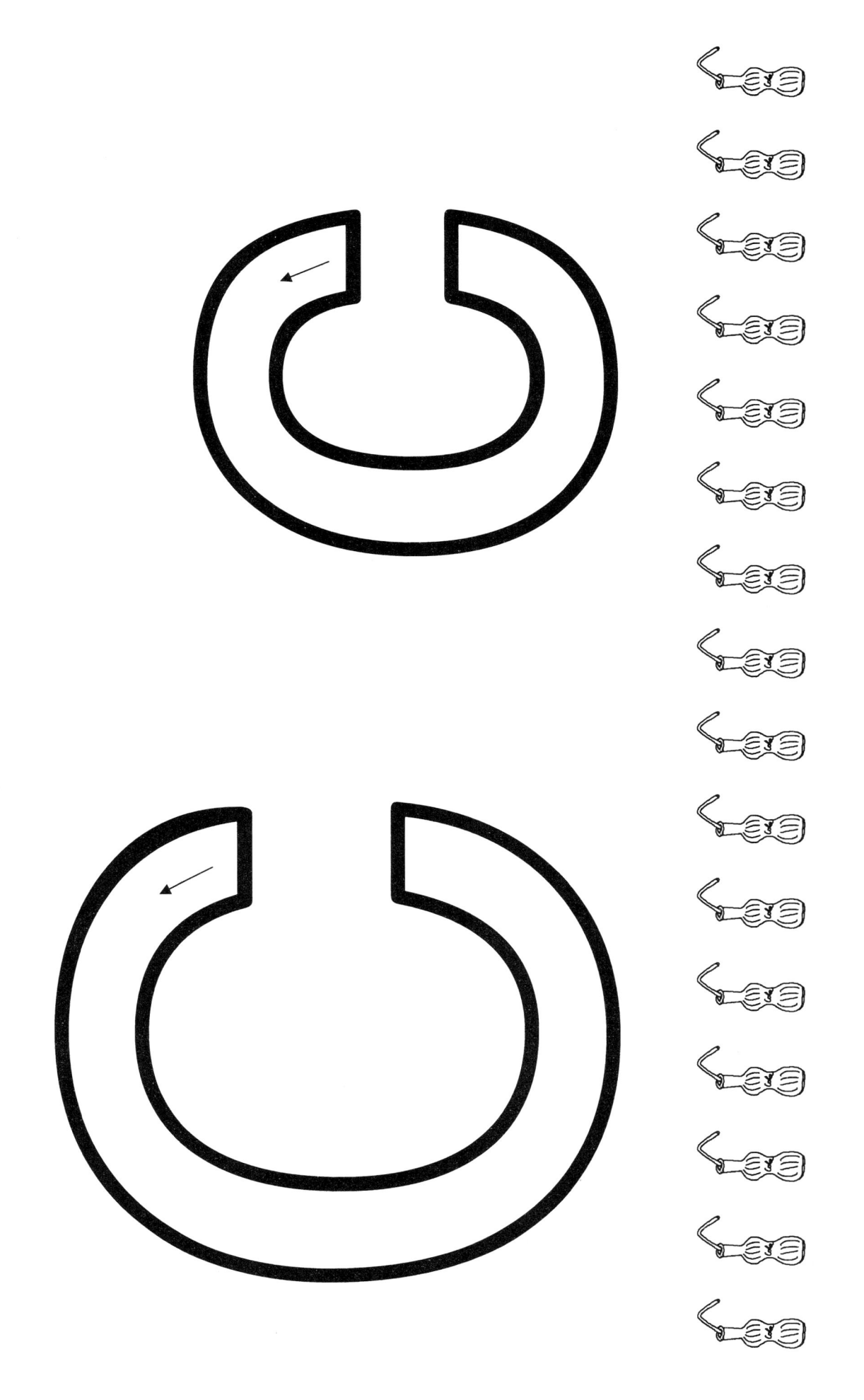

1.) Bild mit Wort verbinden
2.) Wörter verbessern, schreiben, Buchstaben durchstreichen

1)

Camembert
Cabrio
Cola
Clown
Computer
Cowboy
Comic

2) Verstehst du Clown Coco?

Cimpiter		o	o
Ceci-Culo		a	e
Cimimbirt		o	o	o
Cewbay		e	i	a
Cumec		o	a	o
Clawn Cuci		o	o	u

Sprech-, Schreibanlass
Streit- und Schlichtungsregeln erarbeiten/
evtl. Blatt vergrößern

Wenn zwei streiten ...
hilft der Dritte !

Bastelvorschlag

Clown und Co

Benötigtes Material:

1 leere Klopapierrolle
1 Styroporkugel (Durchmesser ca. 5 cm)
   Buntpapier / Tonpapier / Metallfolie
   Wollreste
   Schere und Klebstoff
   Buntstifte / Filzstifte

Arbeitsanweisung:

1. Schneide einen Streifen Buntpapier (10 cm breit, 14 cm lang) aus und beklebe die Klopapierrolle damit.
2. Schneide einen Halbkreis aus. Forme einen spitzen Hut daraus und klebe die beiden Seiten zusammen.
3. Schneide aus den Wollresten, aus Bast, Watte oder Buntpapier Haare und klebe sie innen um den Hutrand.
4. Befestige den Hut mit Klebstoff auf der Styroporkugel.
5. Male deiner Figur jetzt mit Filzstiften ein Gesicht.
6. Mit Goldfolie, Tonpapier und Farbe kannst du die passenden Fantasiekostüme herstellen.
7. Zum Schluss klebst du den Kugelkopf oben auf den Körper.

In der Rolle lassen sich auch kleine Geschenke verstecken!

109

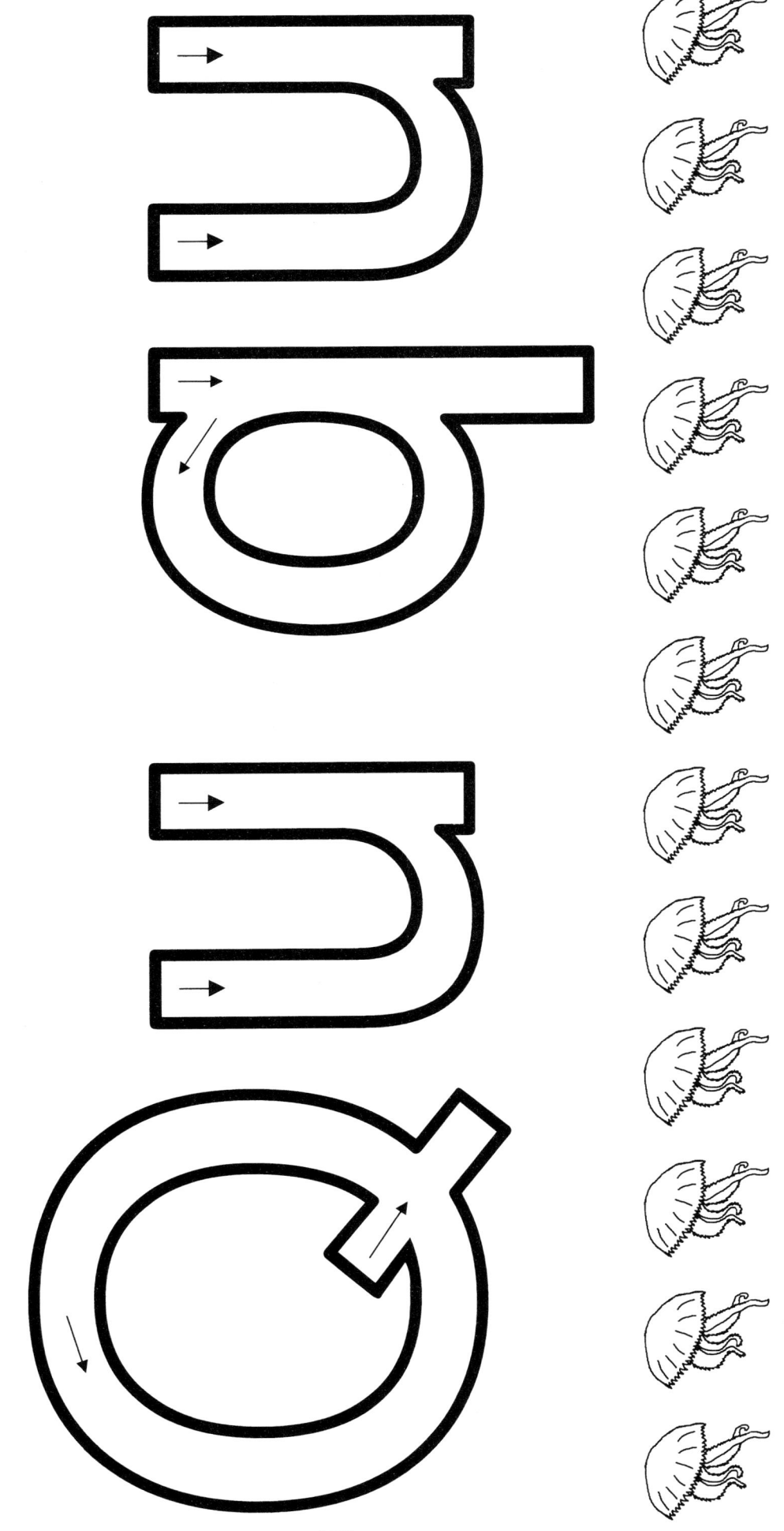

1.) passendes Verb einsetzen
2.) 18 **Qu / qu** - Wörter suchen, ins Heft schreiben
3.) Wörter trennen, ins Heft schreiben

1)
kleine Schweine

grüne Frösche

manche Türen

lange Schornsteine

freche Kasper

einige Kinder

quasseln
qualmen
quietschen
quaken
quatschen
quieken

2)

W	a	Q	u	a	l	m	l	g	H	i	q	u	ä	l	e	n	o
K	o	g	f	q	u	a	t	s	c	h	e	n	R	i	m	t	a
H	a	q	u	k	o	u	p	u	Q	u	i	r	l	m	N	a	p
u	Q	u	e	l	l	e	G	o	u	t	p	O	e	n	b	u	l
M	i	p	O	s	e	Q	o	u	n	g	q	u	a	l	m	e	n
S	a	Q	u	a	l	l	e	W	s	b	o	q	u	e	r	a	j
q	u	b	v	u	m	s	Q	u	a	d	r	a	t	H	n	f	n
B	a	m	z	Q	u	a	t	s	c	h	u	q	u	a	k	e	n
M	q	u	i	e	t	s	c	h	e	n	Q	u	a	r	k	o	w
n	a	b	q	i	n	Q	u	e	r	f	l	ö	t	e	t	h	e
C	u	b	Q	u	a	l	u	d	F	l	z	g	t	R	a	m	k
Q	v	i	m	d	p	u	n	b	l	e	Q	u	i	t	t	e	v
R	q	u	a	s	s	e	l	n	o	Q	u	a	r	t	e	t	t

3) QuallequalmenQuarkquälenQuartettQualmquatschenQuellequerQuitte
QuatschquakenQuirlquasselnQuerflöteQualQuadratquietschen

Bastelvorschlag

Qualle (Windspiel)

Benötigtes Material:

1. kleiner Luftballon
   Tapetenkleister
   buntes Seidenpapier (helle Farben)
   Klebstoff
   Nähfaden und Nadel

Arbeitsanweisung:

1. Blase den Luftballon auf (nicht zu prall).
2. Bestreiche die obere Hälfte mit Tapetenkleister und beklebe sie dicht und in vielen Schichten mit kleinen Seidenpapierfetzen. Nach jeder Lage musst du deine Arbeitsfläche mit Kleister neu einpinseln.
3. Lass den beklebten Ballon 1 Tag trocknen. Erst wenn er ganz hart geworden ist, kannst du weiterarbeiten!
4. Zerstich den Ballon und entferne die Gummireste vom Seidenpapier. Schneide den Rand gerade. Jetzt hast du eine Halbkugel aus Papier.
5. Schneide oder reiße aus dem restlichen Seidenpapier Streifen (ca. 30 cm lang und 2-3 cm breit).
6. Klebe die Streifen nebeneinander am inneren Rand der Halbkugel fest.
7. Ziehe 2 Fäden durch die Halbkugel und hänge deine Qualle an einem Ort auf, wo der Wind mit ihr spielen kann.

Wenn du den Körper mit wasserfestem Lack bestreichst und die Streifen aus bunter Plastikfolie (Einkaufstüten) schneidest, ist die Qualle sogar wetterfest und kann auf dem Balkon oder im Garten aufgehängt werden!

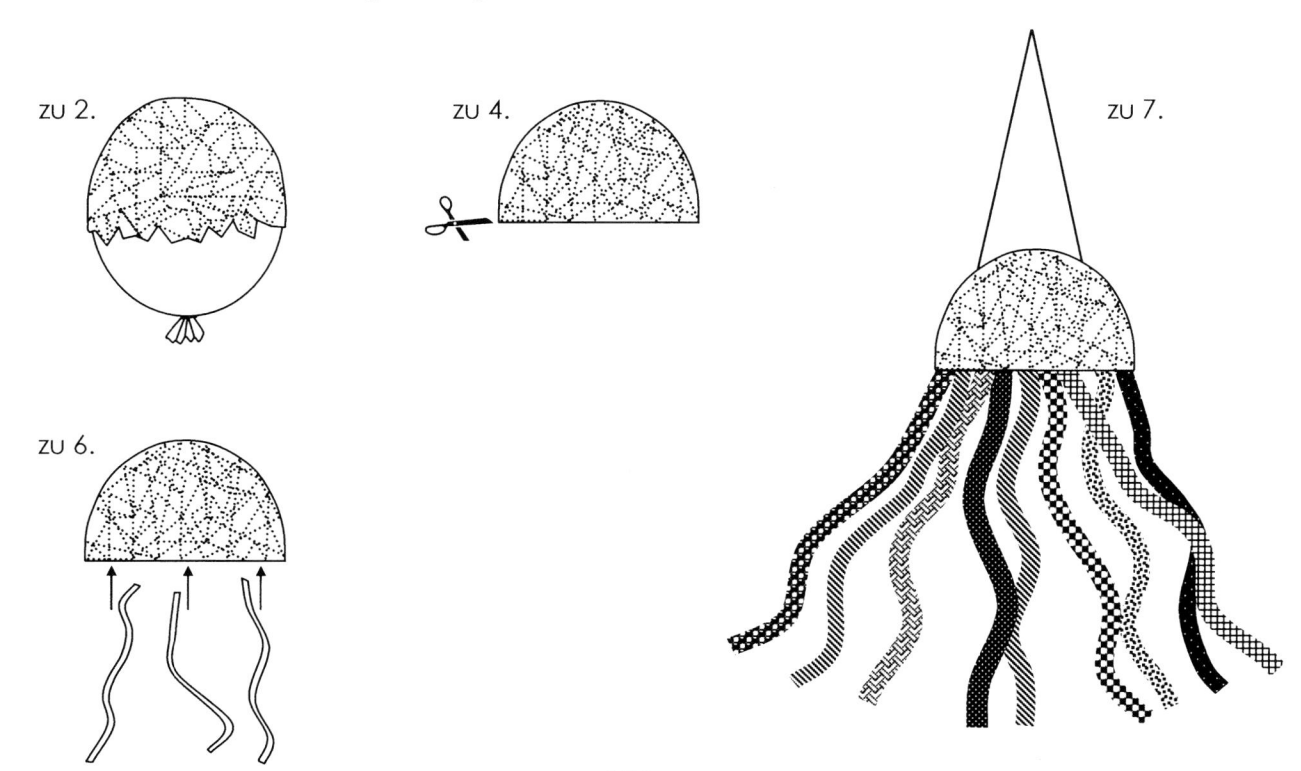

zu 2.

zu 4.

zu 6.

zu 7.

112

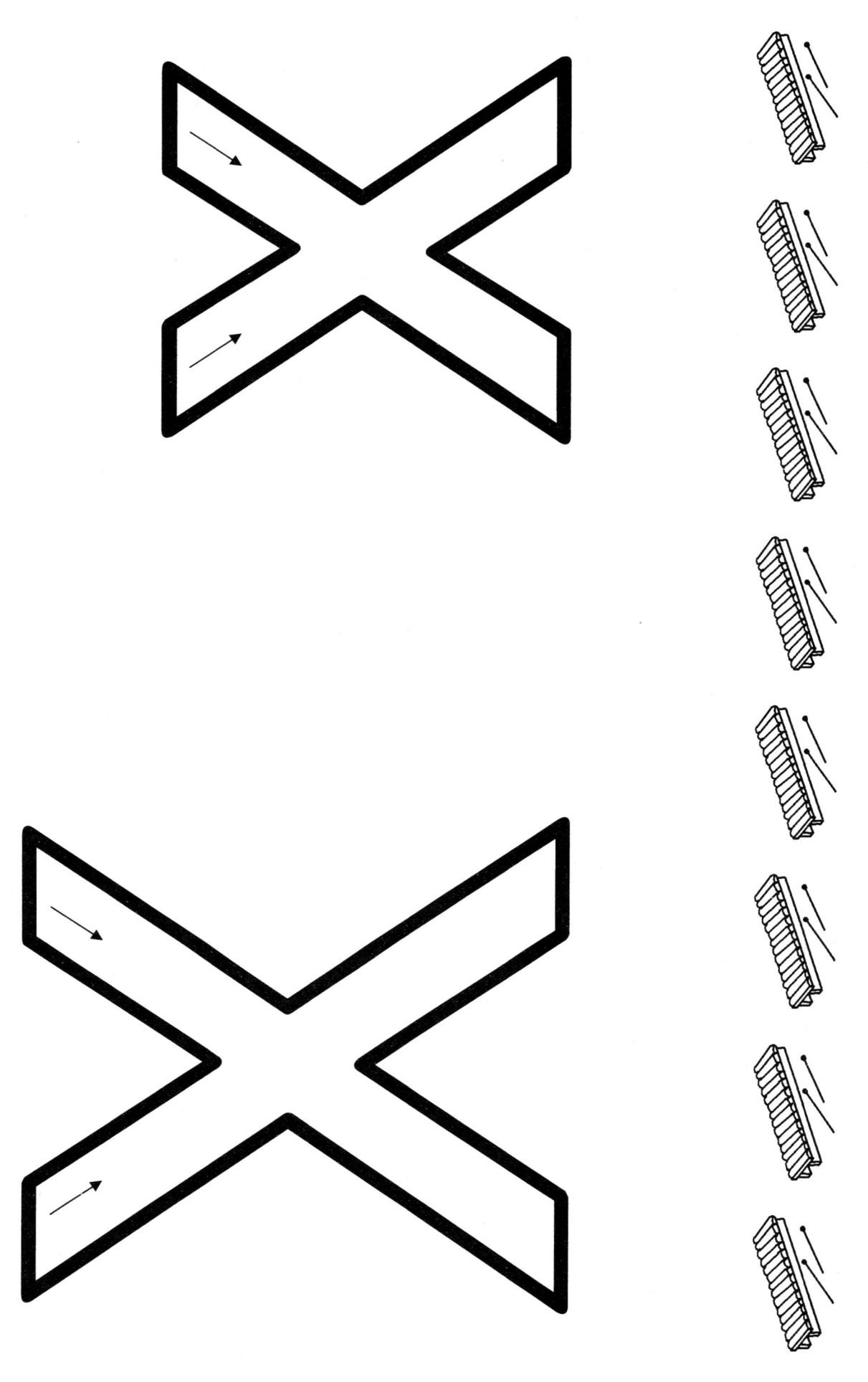

1.) lesen
2.) Geheimschrift entziffern
3.) Bilder ergänzen

1) Schneckenschleim und Ofenruß
machen Menschen viel Verdruss.
Hexen lieben diese Sachen,
wenn sie Zaubersuppe machen.
Schau dir mal die Hexe an,
was sie alles zaubern kann.

2)

A	B	E	F	H	I	K	L	M	N	O	P	R	T	U	Y	J
1	2	3	4	5	6	7	8	9	10	11	12	13	14	15	16	17

5	3	x	3

4	3	8	6	x

2	11	x	3	13

1	x	14

x	16	8	11	12	5	11	10

9	6	x	3	13

17	15	x

9	3	x	6	7	11

10	6	x	3

8	3	x	6	7	11	10	9	1	x

3)

113

114

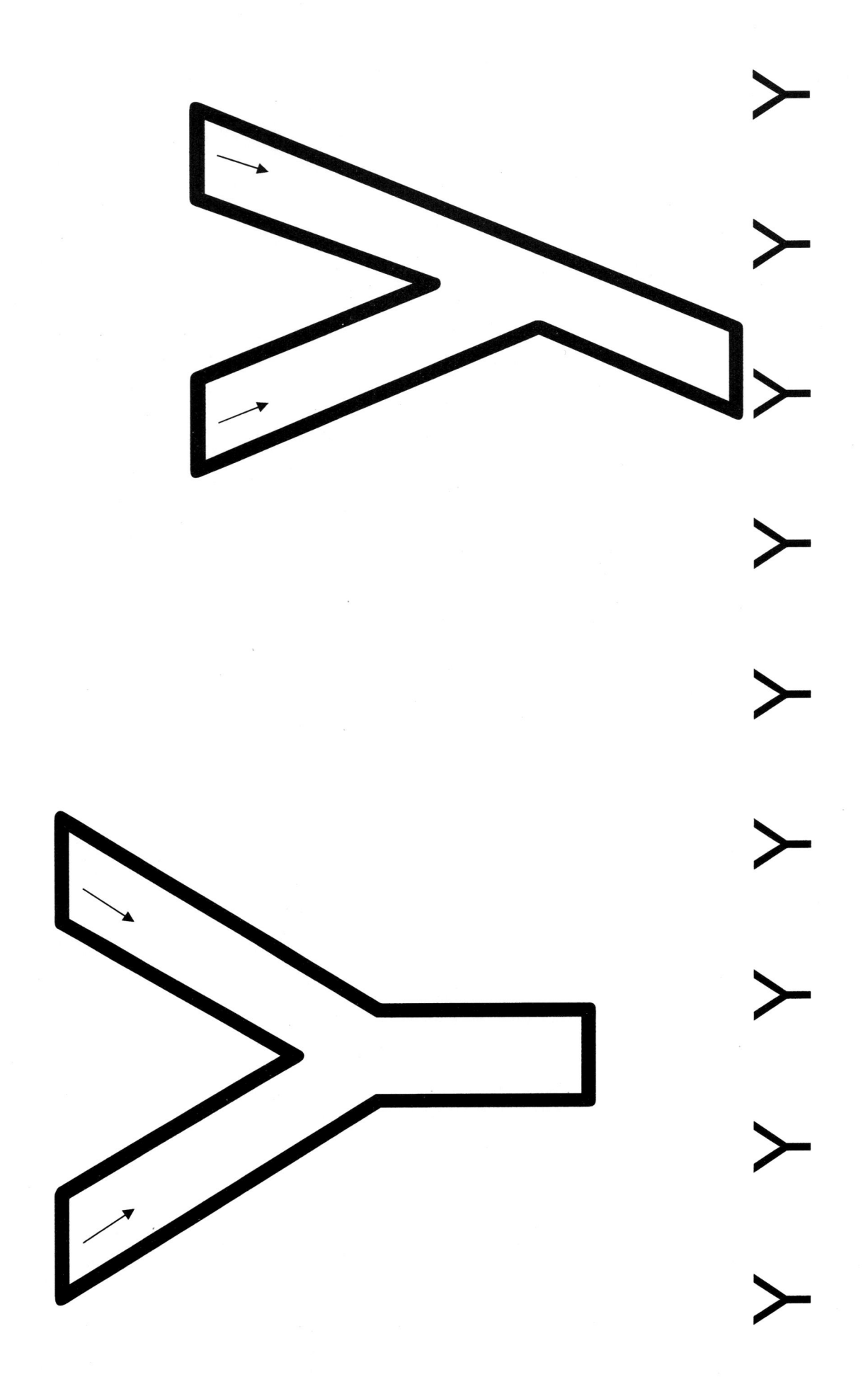

1.) sprechen, hören, unterscheiden: i - ü , zuordnen
2.) Weg suchen – Buchstaben der Reihe nach eintragen

1) Was hörst du? Ordne zu!

i

ü

- Gymnasium
- Pony
- Pyramide
- Baby
- Xylophon
- Zylinder
- Gymnastik
- Hobby
- Zypresse
- Hydrant
- Memory
- Pyjama
- Teddy
- Dynamo
- Labyrinth

2)

L
a
b
y
r
i
n
t
h

→ das war ein

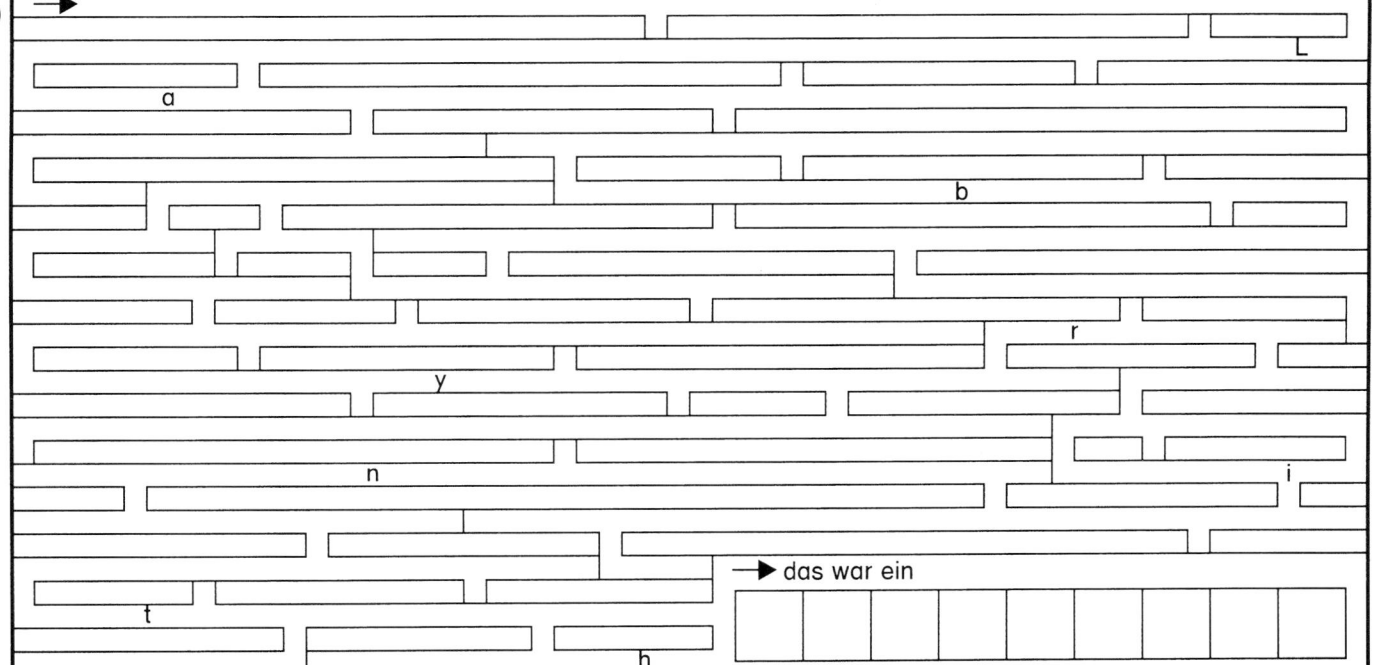

115

1.) passendes Wort suchen, eintragen
2.) alle Y suchen, umkreisen, zählen

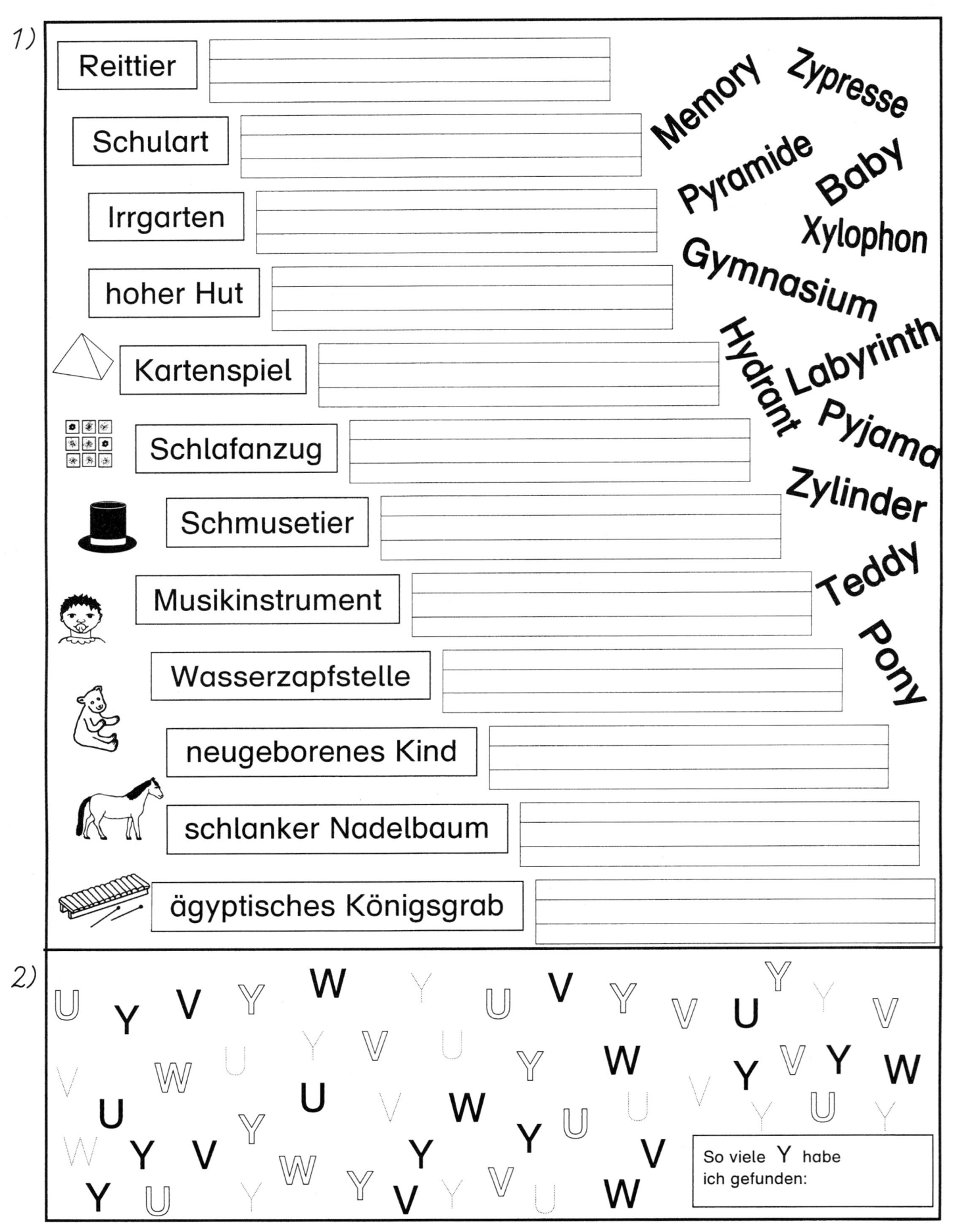

1)

Reittier	
Schulart	
Irrgarten	
hoher Hut	
Kartenspiel	
Schlafanzug	
Schmusetier	
Musikinstrument	
Wasserzapfstelle	
neugeborenes Kind	
schlanker Nadelbaum	
ägyptisches Königsgrab	

Memory Zypresse Pyramide Baby Xylophon Gymnasium Hydrant Labyrinth Pyjama Zylinder Teddy Pony

2)

U Y V Y W Y U V Y
V Y W U Y V W Y U W
U U V W V U V Y W
W Y V W Y Y V Y W
Y U W Y V U Y V W

So viele Y habe ich gefunden:

1.) Wörter richtig zusammensetzen, ins Heft schreiben
2.) zusammengesetzte Nomen suchen und selbst „verzaubern"
3.) lesen, erzählen, auswendig lernen

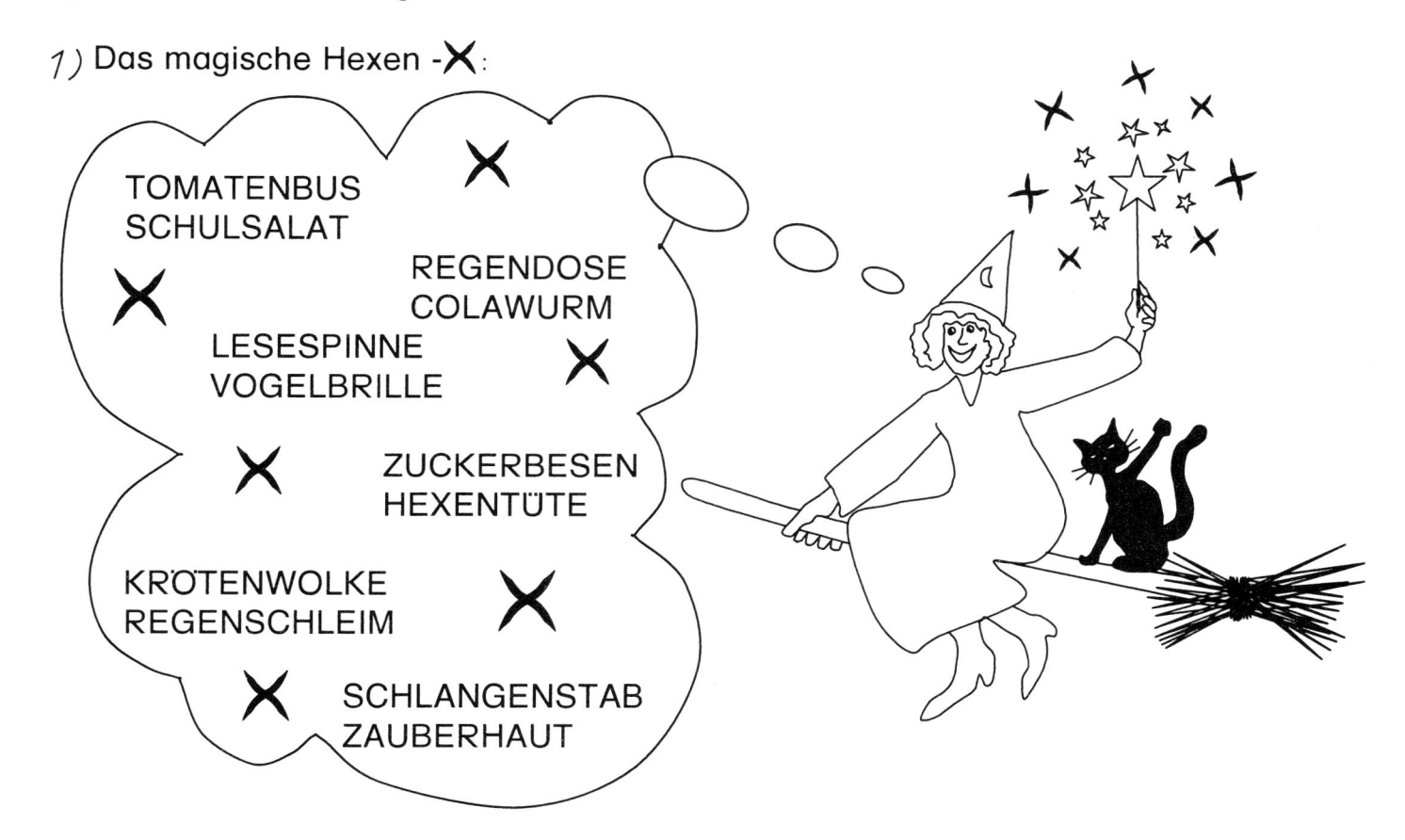

1) **Das magische Hexen -X:**

TOMATENBUS
SCHULSALAT
REGENDOSE
COLAWURM
LESESPINNE
VOGELBRILLE
ZUCKERBESEN
HEXENTÜTE
KRÖTENWOLKE
REGENSCHLEIM
SCHLANGENSTAB
ZAUBERHAUT

2)

ABIM SIMSA

HEXENLÜGENDICHTEN

Heut scheint die Sonne strahlend grau
vom Himmel wolkengrün,
und auf der kahlen Wiese blühn
die Schweinchen rabenblau.

Fünf Hexen zaubern Riesenzwerge,
im Ofen schwimmt der Kakadu -
ein Goldfisch singt das Lied dazu
und Flüsse laufen auf die Berge.

Da lernen Regenwürmer fliegen,
ein Fußball lacht sich spitz und krumm,
und wer das glaubt, der ist nicht dumm,
denn das sind keine Lügen.

Didaktischer Hinweis

Anmerkungen zur Rechtschreibung und zu Rechtschreibregeln

Äu / äu - eu:

Eine Abgrenzung dieser gleich klingenden Umlaut- bzw. Vokalkombinationen durch akustische Differenzierung ist nicht möglich.

Die orthografische Sicherung von Äu / äu - Wörtern kann auf traditionelle Weise durch die logische Wortableitungsregel au ⟶ äu erfolgen, die nach unseren Beobachtungen von Schülerinnen und Schülern dieser Altersstufe meistens schnell und sicher angewendet wird.

ie - ß - ck

In den Bereichen Dehnung und Schärfung treten die häufigsten regelverletzenden Schreibweisen auf, die teilweise sogar noch in der Mittelstufe anzutreffen sind.

Erwiesenermaßen suchen Kinder sehr früh nach Regeln und Regelhaftem. Um Rechtschreibung langfristig zu sichern ist es wichtig, dass Schülerinnen und Schüler Beziehungsmuster selbst entdecken, diese in variierten Übungsformen anwenden und verinnerlichen.

Hören dient in erster Linie der Wahrnehmung bzw. Analyse der in einem Wort enthaltenen Phoneme sowie deren Stellung innerhalb des Wortes.

Es ist nicht sinnvoll, Schüler der ersten und zweiten Klasse aufzufordern genau „hinzuhören", um daraus die orthografisch richtige Schreibweise bestimmter Sonderformen der Rechtschreibung abzuleiten. Kurze oder lange Vokale werden nicht auf diese Weise „erhört", da Kinder in der Anfangsphase des Schriftspracherwerbs untersuchend fast alle Wörter dehnen um sie abzuhorchen (Sch – u – u – u – l – l – e – e)!

Nach den Erkenntnissen der phonetischen Forschung ist „kurz und lang" nur eingeschränkt aus der gesprochenen Sprache zu entnehmen. Deshalb eröffnet eine vergleichende Gegenüberstellung von ähnlichen Wörtern – das Suchen von Korrelaten – die Möglichkeit eigene Schlussfolgerungen für die Schreibung zu ziehen, Regeln zu erkennen bzw. zu erarbeiten.

Die Vielzahl der angebotenen Materialien auf dem Gebiet der Rechtschreibung ermöglicht jeder Lehrkraft ohne großen Aufwand die Gestaltung eines abwechslungsreichen Unterrichts. Als Vorbedingung für Erfolgserlebnisse berücksichtigen verschiedene Freiarbeitsformen das individuelle Lerntempo, die Übungsschwerpunkte und das persönliche Lern- und Leistungsniveau. Zusätzlich werden neben Selbstständigkeit auch Arbeitshaltung, Selbsttätigkeit, Eigenverantwortlichkeit und Eigenorganisation sehr früh trainiert.

ng / nk - sp - st - tz:

Diese - zum Teil akustisch nicht wahrnehmbaren - Konsonantenverbindungen müssen im Wortverbund in regelmäßigen Abständen geübt werden, um die orthographisch korrekte Schreibweise zu verinnerlichen.

119

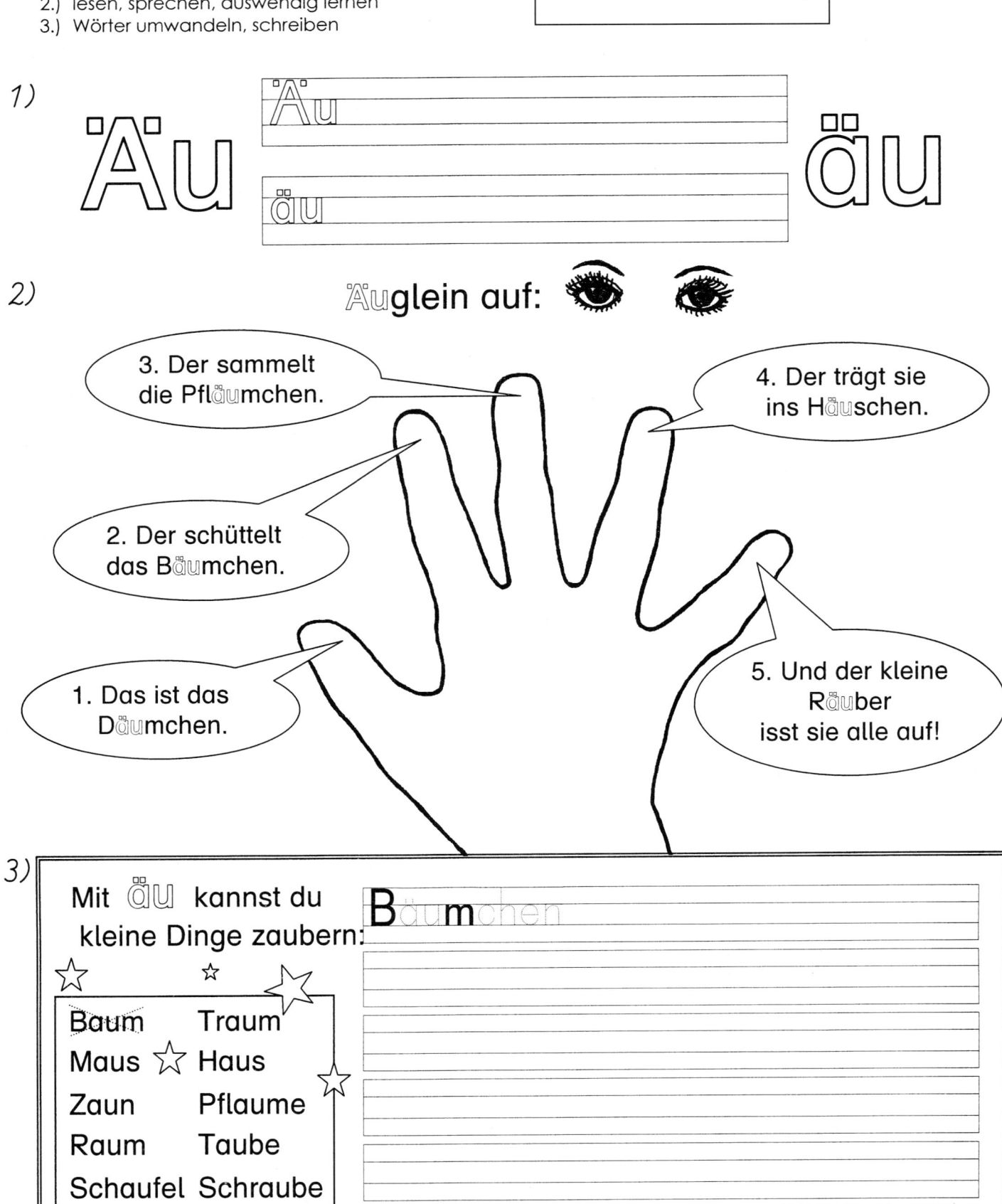

1.) Äu / äu nachfahren, schreiben
2.) lesen, sprechen, auswendig lernen
3.) Wörter umwandeln, schreiben

Äu / äu

1) Äu Äu
   äu

2) Äuglein auf:

3. Der sammelt die Pfläumchen.
4. Der trägt sie ins Häuschen.
2. Der schüttelt das Bäumchen.
1. Das ist das Däumchen.
5. Und der kleine Räuber isst sie alle auf!

3) Mit äu kannst du kleine Dinge zaubern:

Bäumchen

Baum   Traum
Maus   Haus
Zaun   Pflaume
Raum   Taube
Schaufel Schraube
Haufen Schnauze
Faust   Laus

1.) Geschichte lesen, ins Heft schreiben
2.) Mehrzahl bilden
3.) Säulen zählen, eintragen

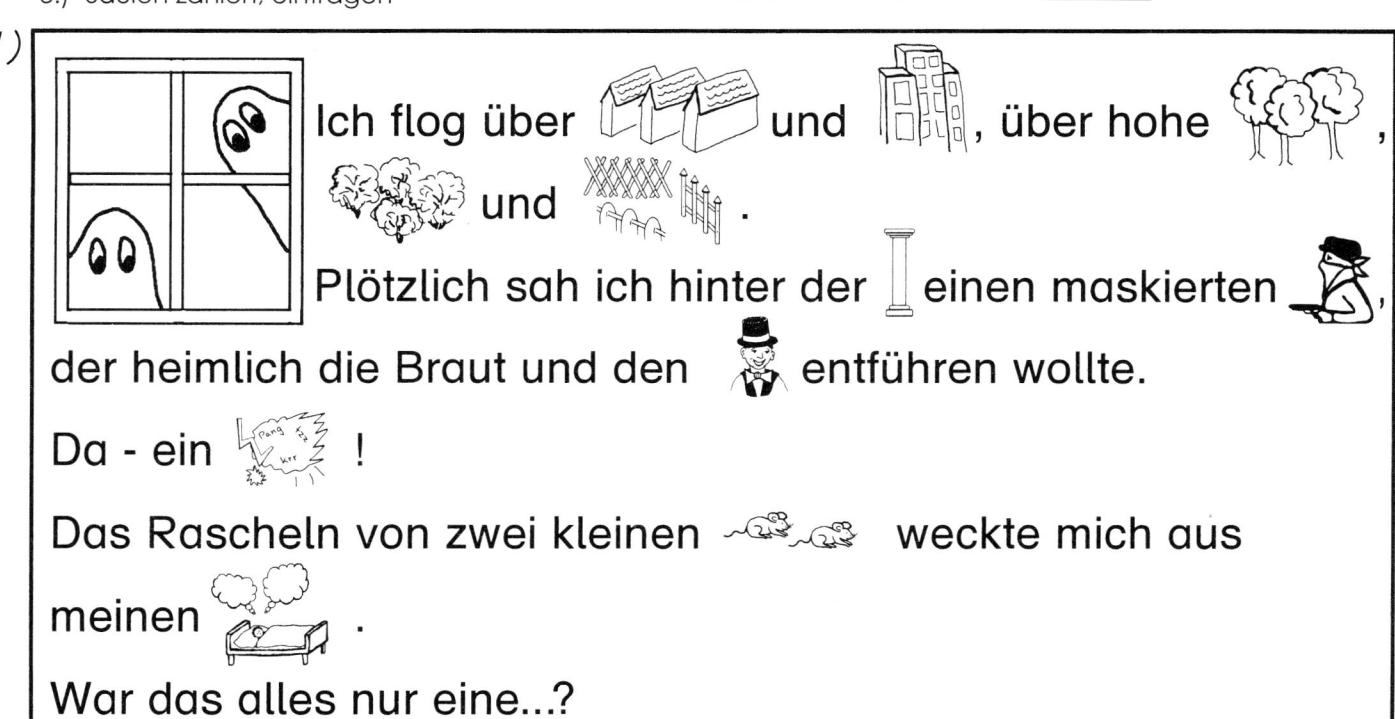

Äu / äu

1) Ich flog über 🏠🏠 und 🏢, über hohe 🌳, 🌳 und 🚧.

Plötzlich sah ich hinter der ⎸ einen maskierten 🕵, der heimlich die Braut und den 🎩 entführen wollte.

Da - ein 💥!

Das Rascheln von zwei kleinen 🐁🐁 weckte mich aus meinen 💭.

War das alles nur eine...?

Setze die passenden Wörter ein:
Bräutigam, Sträucher, Geräusch, Täuschung, Häuser, Zäune, Räuber, Bäume, Mäusen, Träumen, Gebäude, Säule

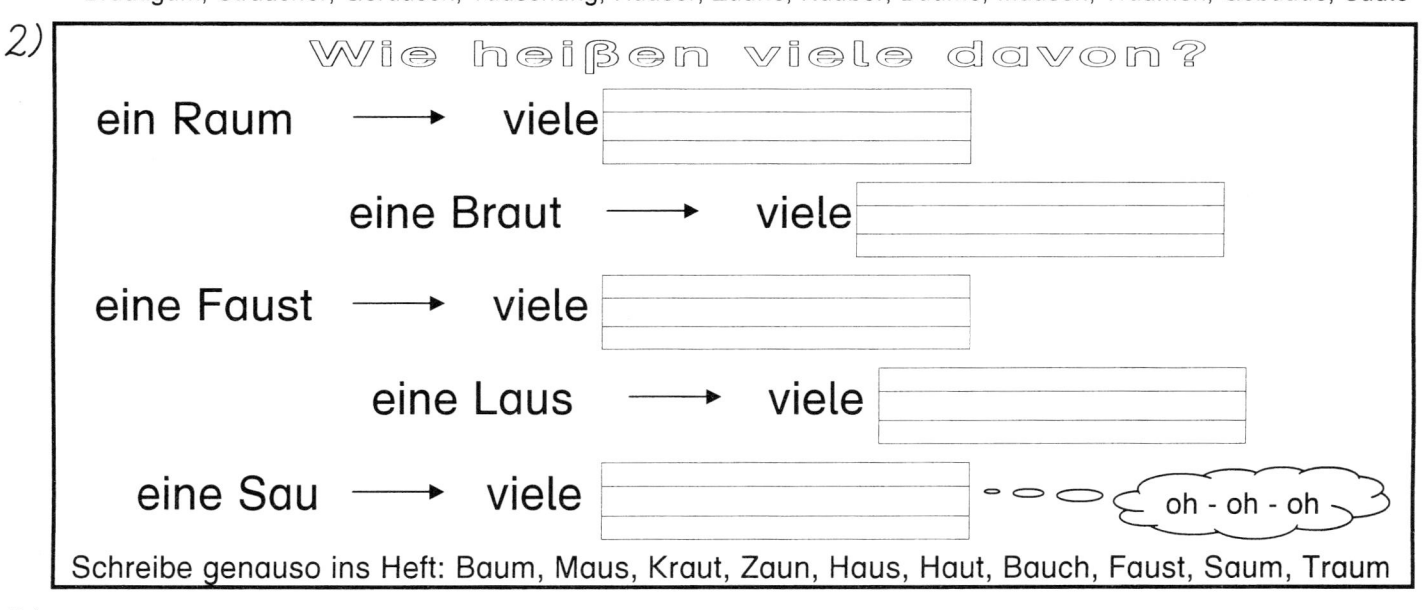

2) Wie heißen viele davon?

ein Raum → viele _____

eine Braut → viele _____

eine Faust → viele _____

eine Laus → viele _____

eine Sau → viele _____   oh - oh - oh

Schreibe genauso ins Heft: Baum, Maus, Kraut, Zaun, Haus, Haut, Bauch, Faust, Saum, Traum

3) Lass dich nicht täuschen! Es sind mehr Säulen als du denkst!

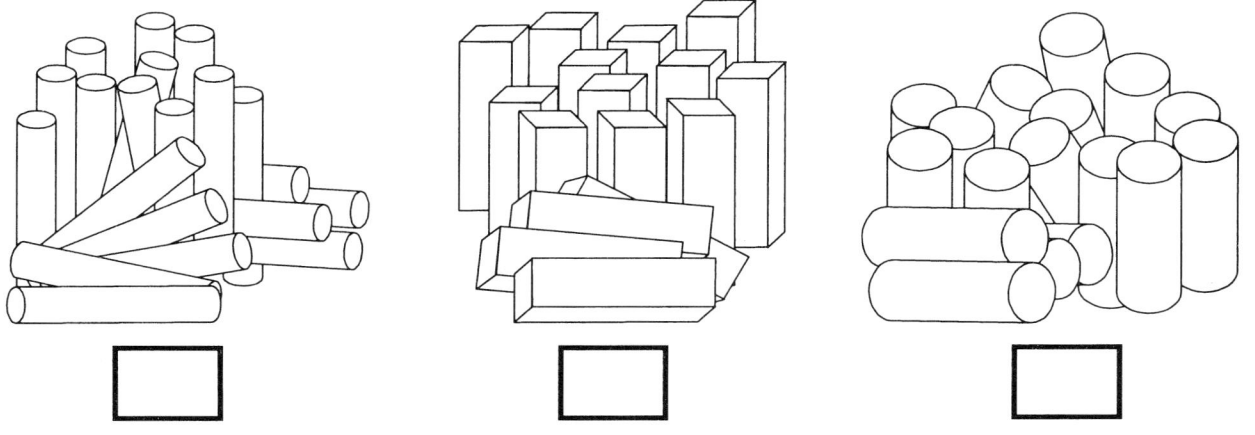

☐ ☐ ☐

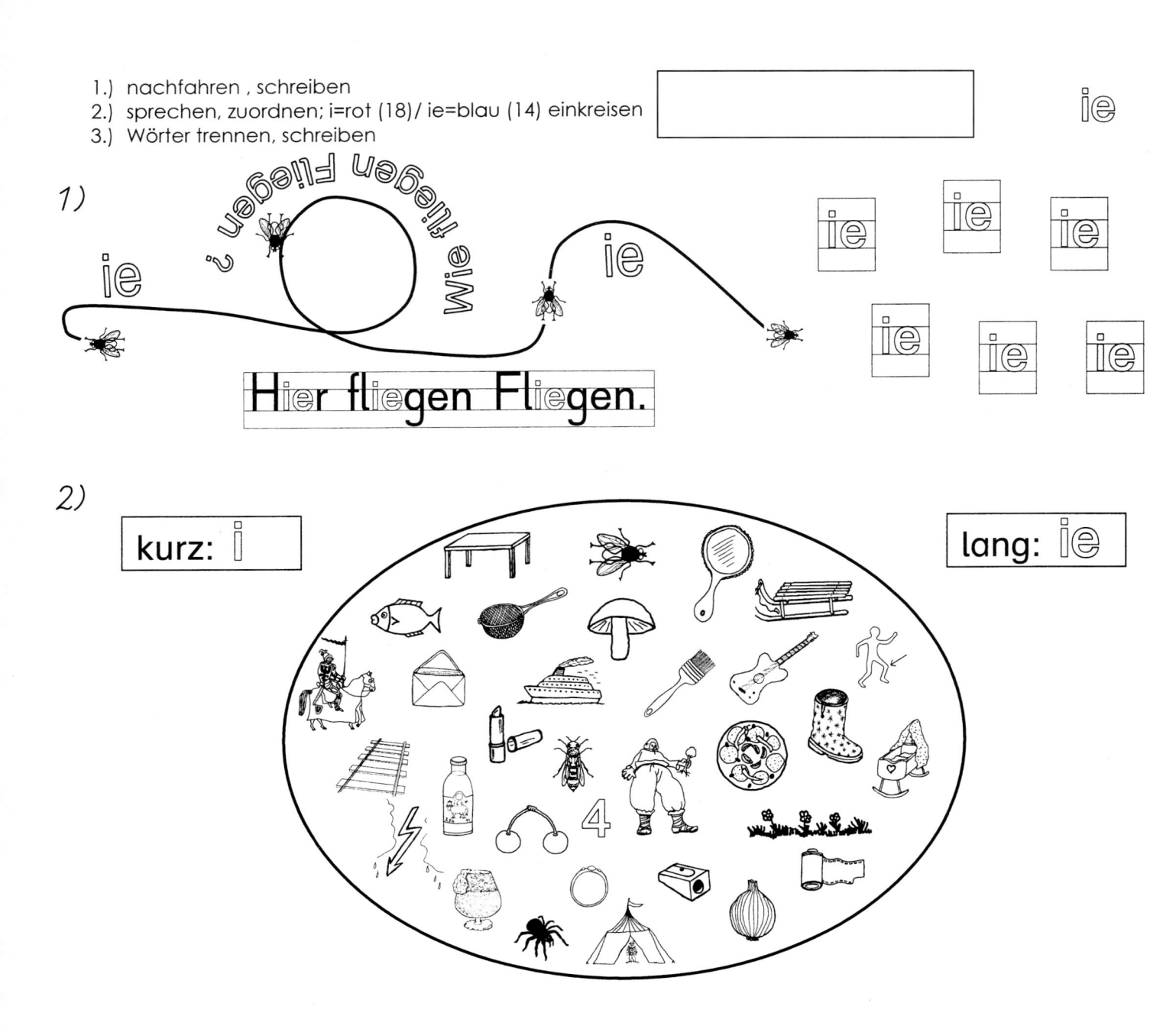

1.) nachfahren, schreiben
2.) sprechen, zuordnen; i=rot (18)/ ie=blau (14) einkreisen
3.) Wörter trennen, schreiben

1) Wie fliegen Fliegen?

Hier fliegen Fliegen.

2) kurz: i   lang: ie

3) fliegenschießenradierenspielenniesengratulierenverzieren
schielentelefonierenbuchstabierenfrierenmusizierenschmieren

Das mache ich gern:	Das mache ich nicht so gern:

1.) Wortbaugitter: Buchstaben einsetzen, durchstreichen schreiben
2.) Wege farbig nachspuren
3.) Wörter schreiben, kontrollieren

ie

1)

D	ie	b	e
	ie	b	e
L	ie		e
	ie	g	e
	ie	g	e
W	ie		e
	ie	s	e
	ie	s	e

? W L s R L Z g

2) Wohin setzen sich die Fliegen?

3)

Biene, Sieben, Spiegel, Knie, Schiene, Fliege, Stiefel, Bier, Vier, Sieb, Zwiebel, Brief

123

1.) lesen, verbessern, richtig ins Heft schreiben
2.) ie / ei / eu farbig nachfahren, Anzahl eintragen

1)

Deinstag, den ....
Leibe Mama,

wiel es regnet schriebe ich dir heute ienen klienen Breif von miener Riese in dei Schwiez.

Heir auf dem Bauernhof ist es ienfach schön!

Es gibt veile Teire: Kühe und Steire, Pferde, Zeigen und Schafe, zwie wieße Hunde und iene süße kliene Meize.

Wenn dei Sonne schient, speile ich mit ihr auf der Weise vor dem Haus.

Tante Leises Honig aus dem Beinenstock schmeckt auch veil besser als diener zu Hause. Aber trotzdem bist du miene leibste Mama.

Ich hoffe, dass ich deises Mal nicht weider so veile Schriebfehler gemacht habe!

Leibe Grüße an alle

von dienem Freider

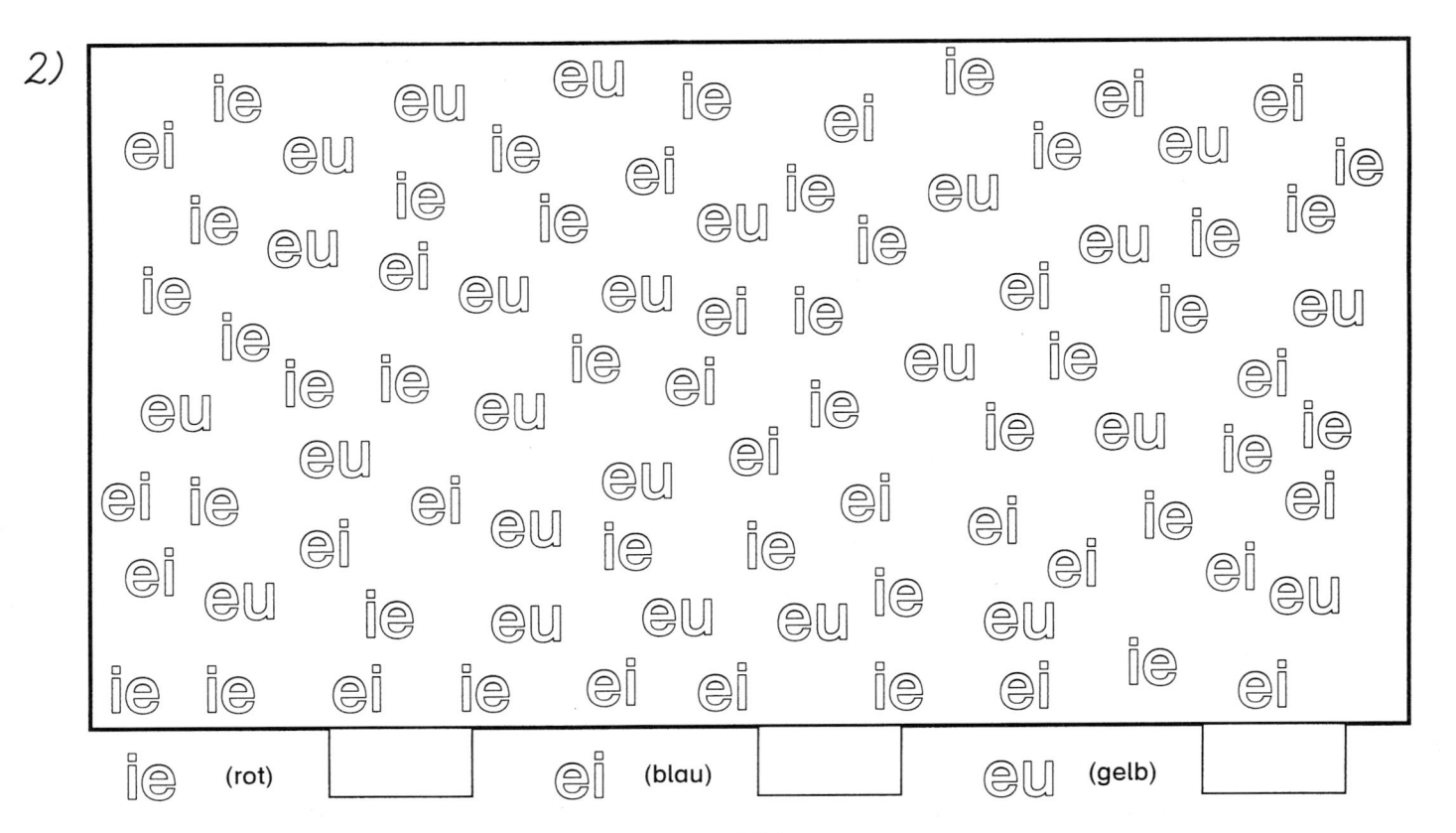

2)

ie (rot)   ei (blau)   eu (gelb)

1.) immer zwei Wörter reimen sich,
    schreibe sie untereinander
2.) sieben gleiche Fliegen finden, anmalen

ie

1)
bieten, frieren, fliehen, gießen, riechen, mieten, fliegen, schießen, biegen, spielen, zielen, lieben, ziehen, schmieren, schieben, kriechen

Spielvorschlag:

Alle Ziegen fliegen ... hoch ???

Kommando Pimperle ...

2) Suche immer sieben gleiche Fliegen!

125

Ausschneideblatt / Teil 1:
1.) Wörter lesen, ie nachfahren, ausschneiden,
2.) Wort mit passendem Artikel in Teil 2 einkleben

ie

Brief	Liege	Dienst
Tier	Riese	Spiegel
Biene	Knie	Ziege
Sieb	Liebe	Papier
Bier	Fliege	Sieben
Dieb	Lied	Stiefel
Wiese	Wiege	Vier
Stiel	Spieß	Schiene

der	der	der	der	die	die
der	der	der	der	die	die
die	die	die	die	die	die
das	das	das	das	das	das

Aufklebeblatt / Teil 2:
1.) Nomen mit Artikel in entsprechende Tabelle einkleben

ie

der			

die			

das			

128

1.) ß nachfahren, schreiben
2.) Wörter bilden, schreiben
3.) lesen, passende Wörter einsetzen

1)

ß ß

Der Strauß steht in der Vase.
Der Strauß steht auf einem Bein.
Der Strauß ist verwelkt.
Der Strauß legt ein Ei.

2) Scho– Spaß– Klo– Floß– Straß– nuß– Fuß– Gruß– Ruß– ß

3) Großvater erzählt Spaßgeschichten - verbessere!

In der Wüste ist es immer kalt.

Der Riese ist wirklich winzig.

Schneeflocken sind schwarz.

Der Kuchen schmeckt salzig.

Ameisen sind immer faul.

Drei mal zehn ist zwanzig.

fleißig dreißig heiß groß weiß süß

1.) Rätselkamm, Wörter einsetzen
2.) Gegensätze verbinden
3.) reimen

ß

1)

					ß	Spieß ?
					ß	Gruß ?
					ß	Kloß ?
					ß	Ruß ?
					ß	Strauß ?
					ß	Strauß ?
					ß	Schoß ?
					ß	Fuß ?
					ß	Floß ?
					ß	Schweiß ?
					ß	Spaß ?

2)

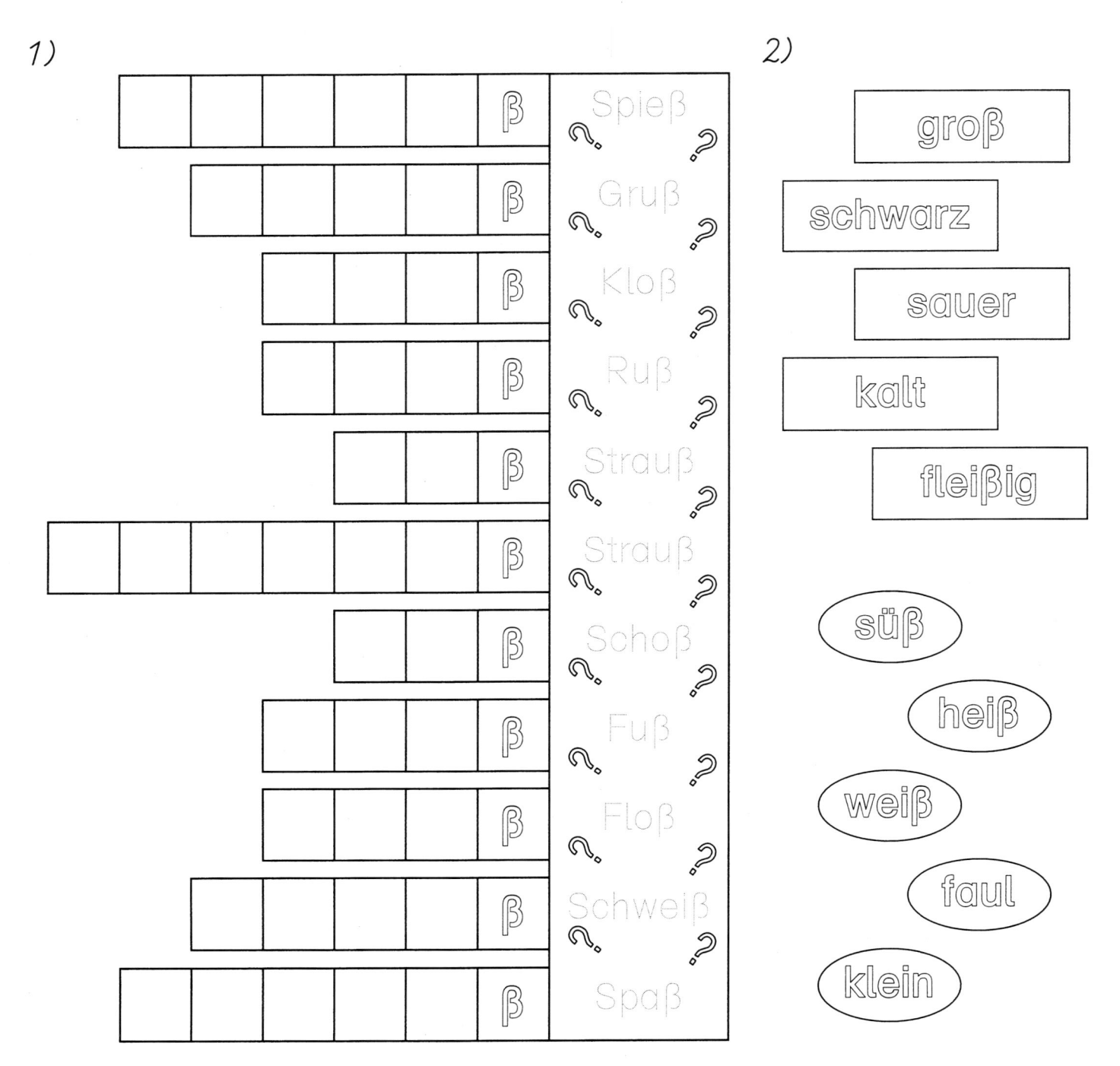

groß
schwarz
sauer
kalt
fleißig

süß
heiß
weiß
faul
klein

3) wir reimen:

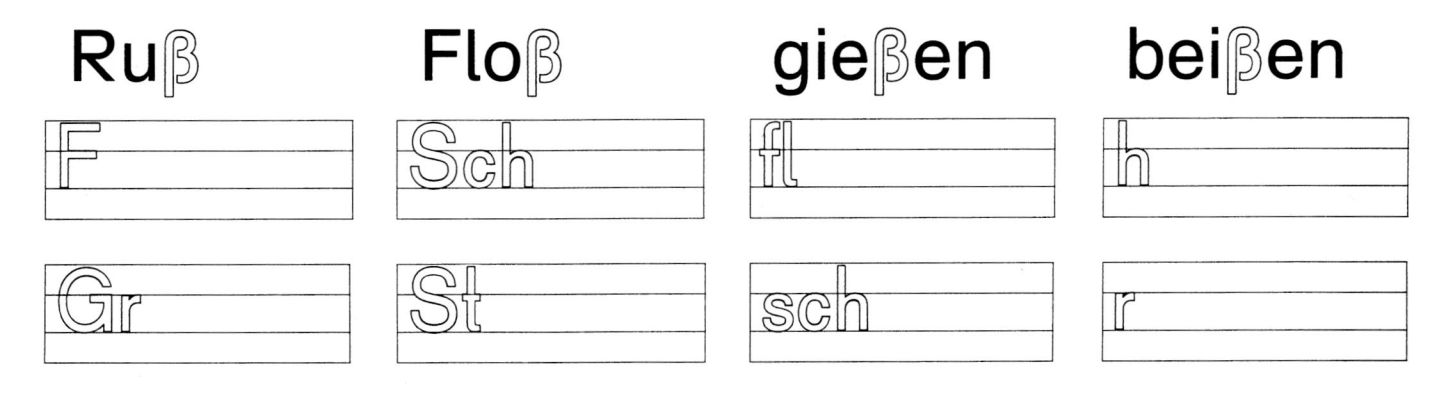

Ruß   **Floß**   **gießen**   **beißen**

F___   Sch___   fl___   h___
Gr___   St___   sch___   r___

1.) lesen, **ng** schreiben
2.) Wörter vervollständigen, schreiben
3.) den ersten Schmetterling gibt es noch einmal

ng

1)

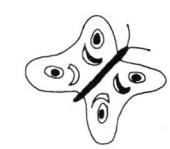

Schmetterling - Schmetterling
setz dich her du kleines Ding

ng ng ng

2) Der Schmetterling hat sich auf die Wörter gesetzt.
Kannst du sie trotzdem lesen und schreiben?

Schla**ng**e Ri**ng** Hu**ng**er Zeitu**ng** E**ng**el Heizu**ng** Zu**ng**e

Ausga**ng** Ju**ng**e Fi**ng**er A**ng**el Za**ng**e Bi**ng**o Spa**ng**e Di**ng**

A**ng**st Schmetterli**ng** Entschuldigu**ng** Umleitu**ng**

3)

1.) hören, sortieren
2.) lesen, verstehen, Wort einsetzen
3.) Felder mit **ng** bunt ausmalen

ng

1) Wo hörst du ein **ng**? Male diese Bilder an, streiche die falschen Bilder durch.

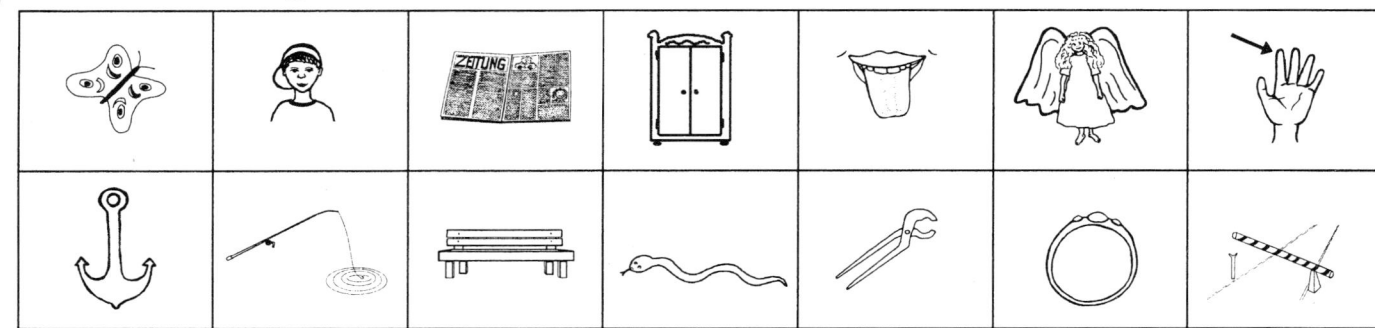

2)
Damit fängt man Fische.

Das macht die Wohnung warm.

Es ist im Mund und rot.

Er flattert von Blüte zu Blüte.

Damit zieht man Nägel heraus.

Das hast du, wenn du lange nichts isst.

Viele Leute lesen sie jeden Tag.

Er ist am Finger und oft aus Gold.

Zeitung Hunger Zange Ring Schmetterling Heizung Zunge Angel

3) Male alle Felder mit **ng** bunt an!

132

1.) Reimwörter suchen
2.) **ng** suchen, farbig markieren (3 pro Längsreihe)
3.) Linie genau nachspuren

ng

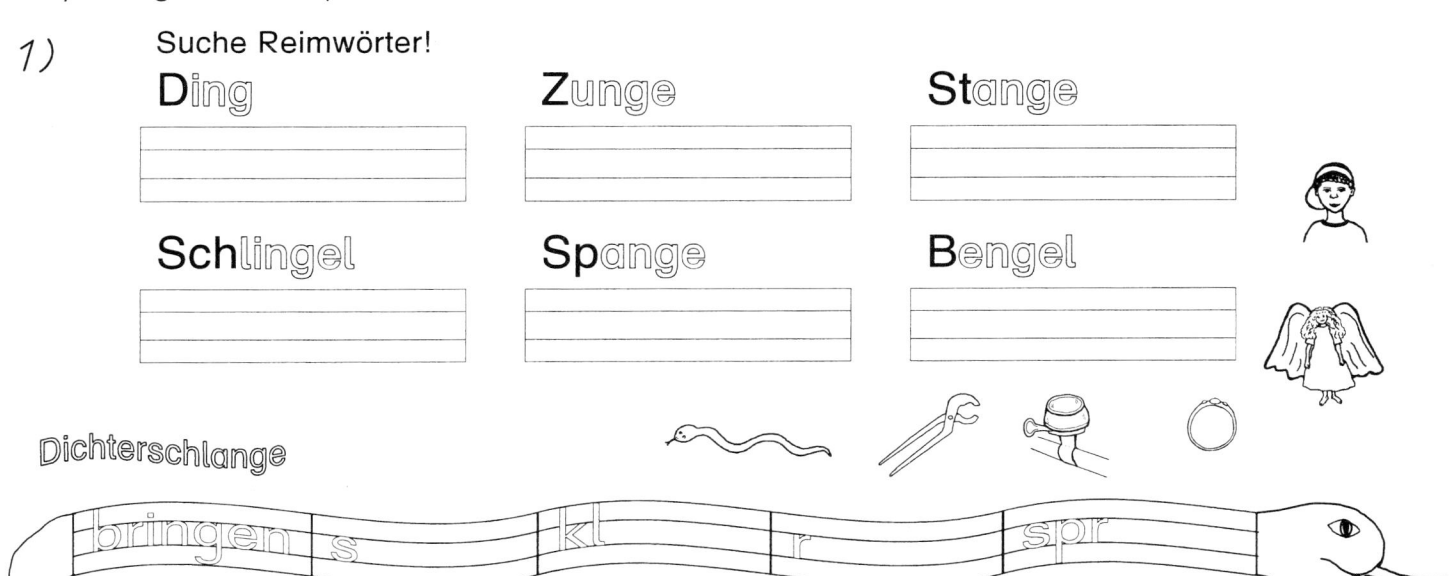

1) Suche Reimwörter!

Ding   **Z**unge   **St**ange

Schlingel   **Sp**ange   **B**engel

Dichterschlange

bringen s kl r spr

2)

ng	qu	gu	np	pn	ng	gn	qu	pn	gu	ng	np	pu	gn	gu	ng	np
np	pu	pn	ng	pu	np	pu	ng	gu	qu	ng	gu	ng	np	pn	gn	qu
pn	ng	gu	qu	ng	pn	ng	np	ng	np	gn	ng	gn	ng	qu	gu	gn
qu	np	ng	pn	np	gn	pu	gu	gn	pn	qu	np	qu	np	ng	ng	np
gu	ng	qu	gu	ng	qu	np	pn	ng	qu	gu	ng	pn	gu	np	pn	ng
np	pn	np	ng	pn	gu	gn	ng	gu	ng	gn	np	qu	ng	pn	qu	pn
ng	qu	ng	nq	np	ng	np	gu	np	pu	gu	pn	ng	gu	qu	ng	gu
qu	gu	gn	pn	gn	gu	ng	pu	gn	ng	ng	gn	pn	gn	ng	np	ng
pn	ng	np	ng	qu	ng	pn	np	ng	pn	pu	gu	qu	ng	gu	pn	qu
np	gu	ng	pn	ng	np	gu	ng	qu	ng	gn	ng	np	pu	ng	qu	pu
ng	pn	gn	np	gu	qu	ng	np	pn	pu	np	pu	ng	gu	qu	pn	ng

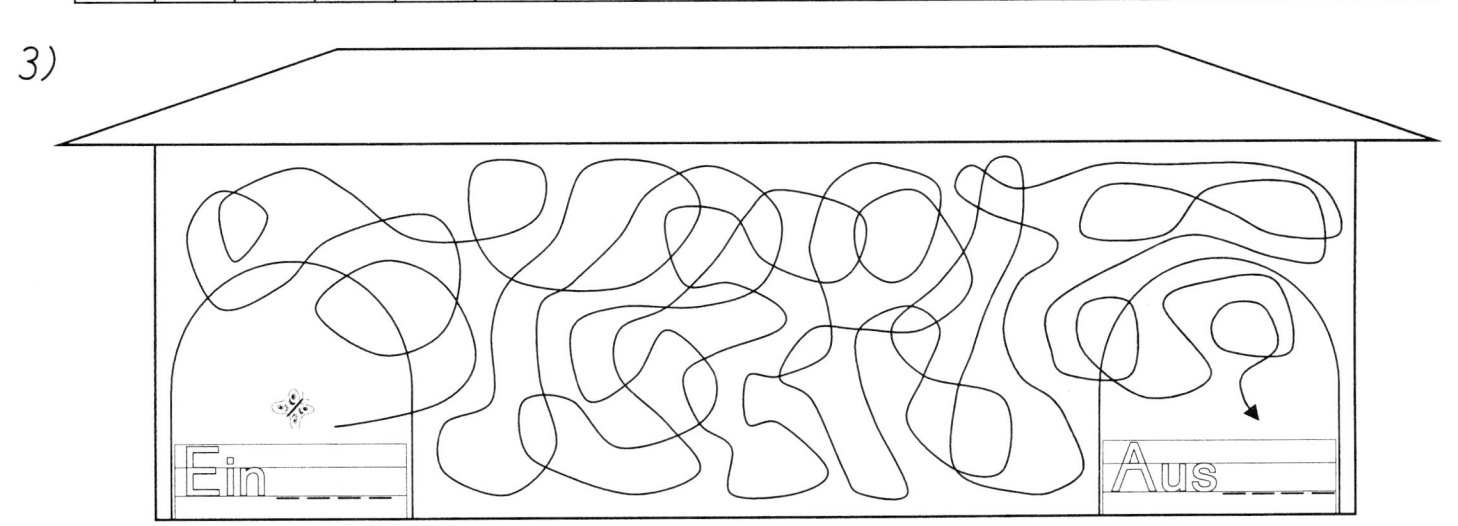

3)

Ein___ Aus___

133

1.) unpassende Verben durchstreichen, passendes Verb nachfahren
2.) Muster fortsetzen
3.) ng oder nk einsetzen, lesen, nach ng und nk sortieren und ins Heft schreiben

nk / ng

1)

zum Abschied	wanken	trinken	winken
aus der Flasche	sinken	trinken	denken
mit dem Gipsbein	zanken	tanken	hinken
mit der Taschenlampe	danken	lenken	blinken
auf den Meeresgrund	sinken	trinken	funkeln
nach Schweiß	ranken	stinken	funken

2)

3) ng oder nk

Schmetterli___   A___er   E___el
Ta___   He___el   Za___e
Zeitu___   Geda___e   A___st
Ta___stelle   Einga___   Schra___e
Schla___e   Schra___   Fi___er
E___el   Fu___en   Puddi___
Pu___t   Kra___enhaus   Fi___
Ba___   Kli___el   Sti___tier
Kli___e   Gesche___   Ju___e
Hu___er   Frühli___   Ausga___
Ri___   Bli___er   Tri___halm
Zu___e   A___el   Wohnu___

134

1.) **ck** schreiben
2.) reimen, schreiben, lesen
3.) Geheimschrift entschlüsseln, schreiben, lesen

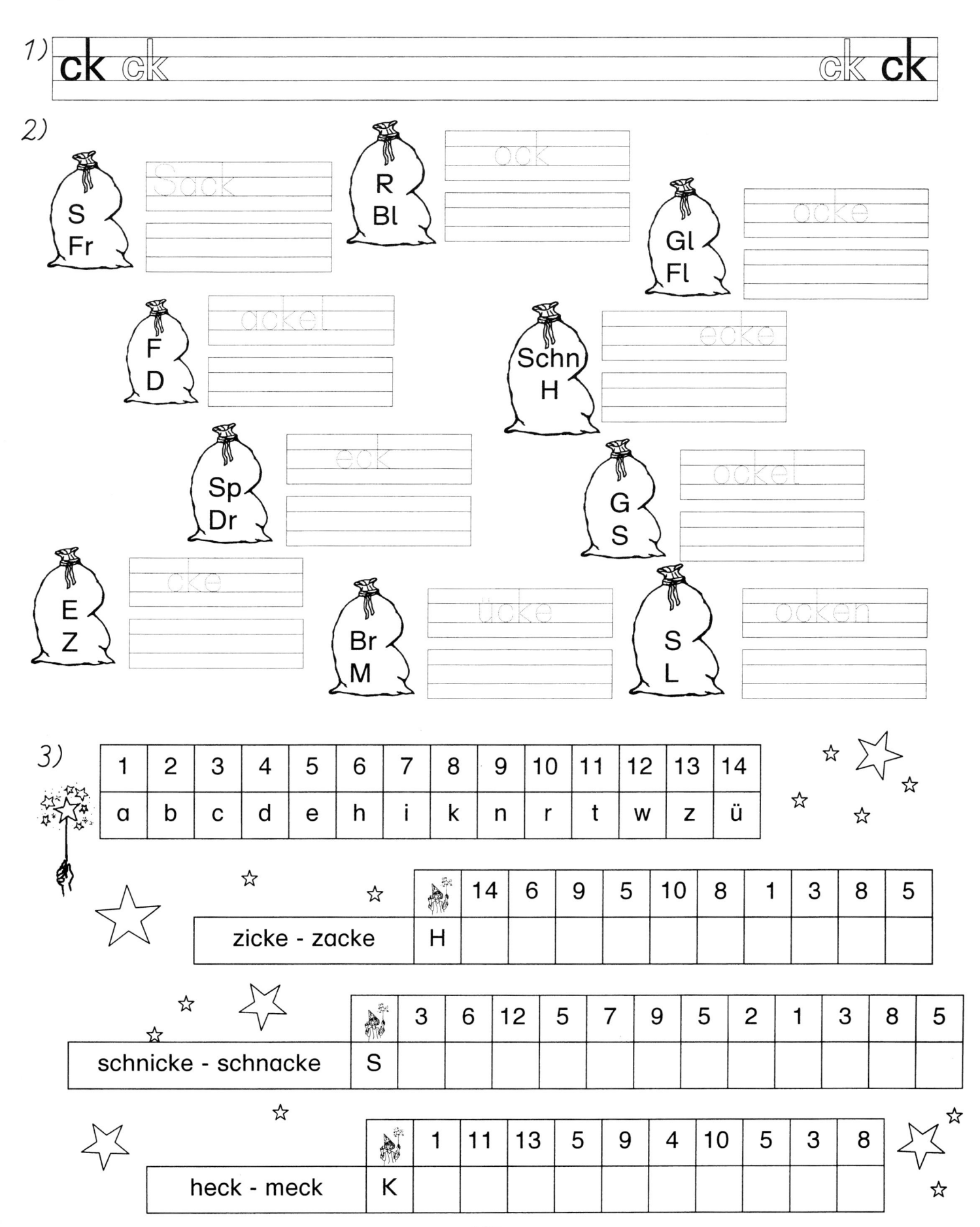

ck

1) ck ck   ck ck

2)
- S, Fr → Sack ___
- R, Bl → ock ___
- Gl, Fl → ocke ___
- F, D → acke ___
- Schn, H → ecke ___
- Sp, Dr → eck ___
- G, S → ockel ___
- E, Z → cke ___
- Br, M → ücke ___
- S, L → ocken ___

3)

1	2	3	4	5	6	7	8	9	10	11	12	13	14
a	b	c	d	e	h	i	k	n	r	t	w	z	ü

zicke - zacke: H | 14 | 6 | 9 | 5 | 10 | 8 | 1 | 3 | 8 | 5

schnicke - schnacke: S | 3 | 6 | 12 | 5 | 7 | 9 | 5 | 2 | 1 | 3 | 8 | 5

heck - meck: K | 1 | 11 | 13 | 5 | 9 | 4 | 10 | 5 | 3 | 8

1.) Spiegelschrift lesen, Wörter schreiben
2.) ck farbig umkreisen, die anderen durchstreichen

ck

1) Stock, Ecke, Lücke, Schnecke, Zwieback, Glück, Deckel, Sack, Rock, Zucker, Bäcker, Wecker, Decke, Dreck, Socken, Dackel, Dreieck, Block, Lack, Glocke, Brücke

hex - hex
hex - hex

1.) lesen
2.) Wörter einsetzen

ck

Die kleine Hexe möchte einen Hexenkuchen _____ . Sie _____ ihren Raben weg; er soll Kräuter auf der Wiese _____ . Der Rabe muss ganz genau _____ , denn die kleine Hexe braucht nur ganz bestimmte Kräuter. Mit seinen dünnen Beinchen _____ er über die Wiese. Immer wenn er das Zauberkraut entdeckt, muss er sich tief _____ um es zu _____ . Der Rabe _____ die Kräuter in einen kleinen _____ , den er extra mitgenommen hat. Endlich ist das _____ voll und er kann wieder _____ -fliegen. Die kleine Hexe hat schon den Tisch _____ und mit vielen bunten Blumen _____ .

Schnell werden die Kräuter _____ und über den feinen Hexenkuchen gestreut. Mhhhh - das _____ _____ . Aber oh weh, der gierige Rabe _____ sich und _____ alles über den Tisch.

WAS DENKST DU - macht die kleine Hexe?

backen
schickt

pflücken

hingucken

wackelt

bücken
pflücken

steckt
Sack

Säckchen
zurück

gedeckt
geschmückt

gehackt

schmeckt
lecker

verschluckt
spuckt

137

1.) **Sp/sp** schreiben, Merkvers lesen, lernen
2.) Wörter lesen, schreiben
3.) lesen, eigene Speisekarte ins Heft schreiben

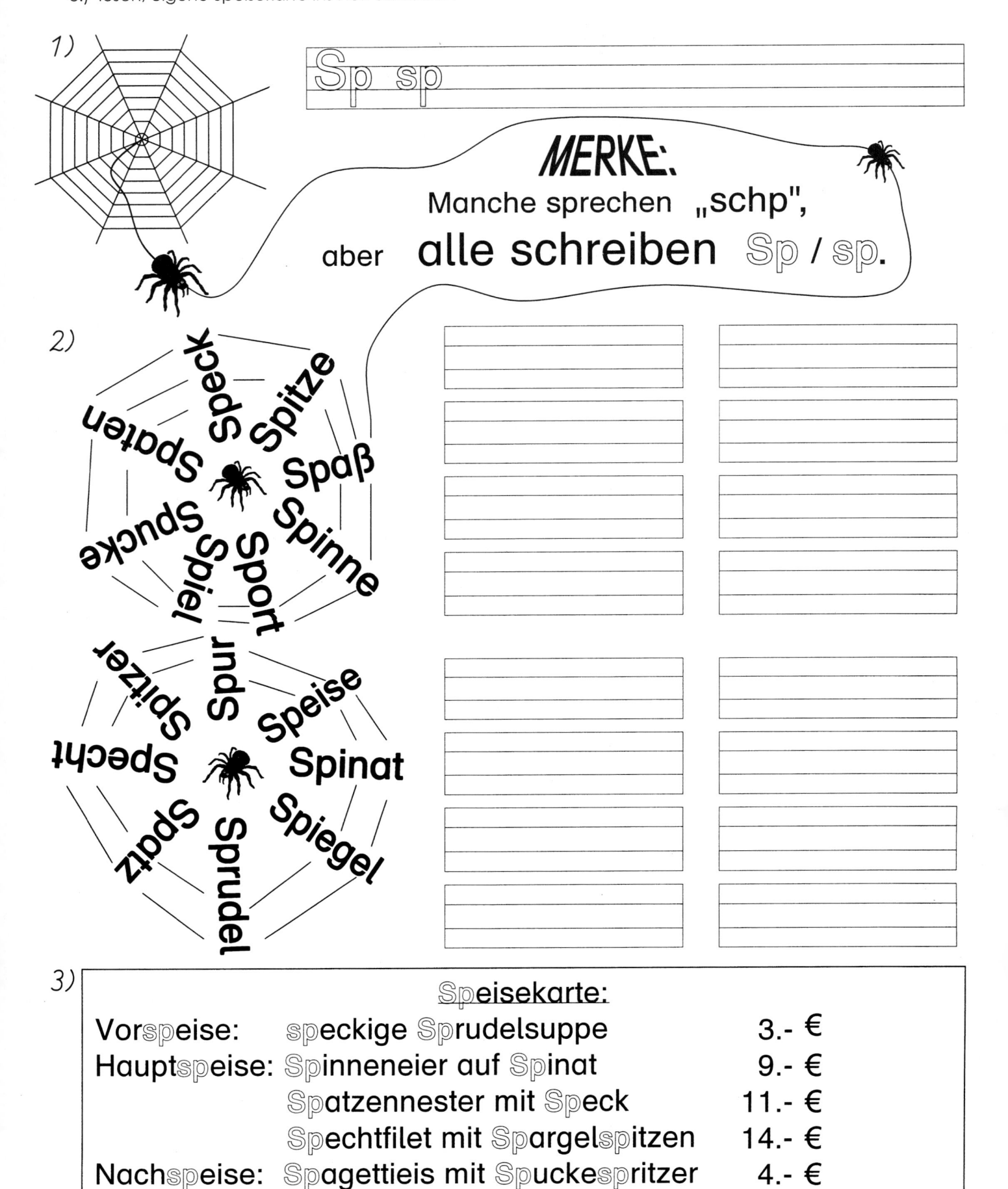

sp

Sp sp

1)

MERKE:
Manche sprechen „schp",
aber **alle schreiben** Sp / sp.

2)

Speck, Spitze, Spaten, Spaß, Spinne, Spucke, Spiel, Sport, Spur, Speise, Spitzer, Specht, Spinat, Spatz, Sprudel, Spiegel

3)
Speisekarte:

Vorspeise:	speckige Sprudelsuppe	3.- €
Hauptspeise:	Spinneneier auf Spinat	9.- €
	Spatzennester mit Speck	11.- €
	Spechtfilet mit Spargelspitzen	14.- €
Nachspeise:	Spagettieis mit Spuckespritzer	4.- €

1.) 10 Unterschiede finden
2.) Spiegelschrift lesen, Wörter schreiben
3.) Wörter zusammensetzen, schreiben

sp

1)

Spieglein, Spieglein an der Wand, hast du alle Fehler erkannt?

Spiegel
Spiegelscherben
Spiegelschrift
Spiegelglas
Spiegelrahmen
Spiegelbild

2)

3)

Spargel, Spitzen, Speer, seil, Spiel, wurf, buch, klasse, suppe, Sport, Sprach, Sprudel, Spinnen, schuhe, flasche, Sprung, netz, sachen

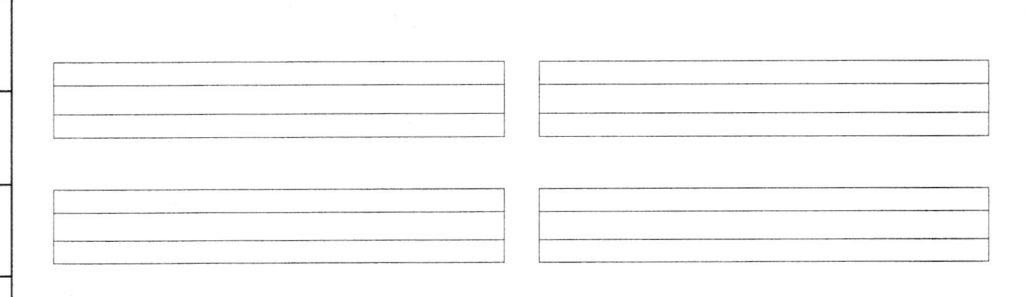

1.) Wörter zusammensetzen, schreiben
2.) lesen, hören, klatschen, Merksatz lesen
3.) 10 Unterschiede finden

sp

1)

spie	zieren
spre	nen
span	len
spa	chen

2) Raspel   Rispe   Wespe

Knospe   Kasper

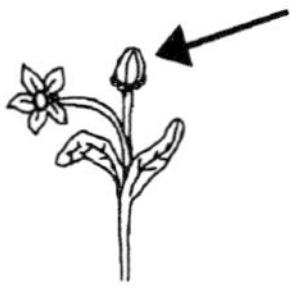

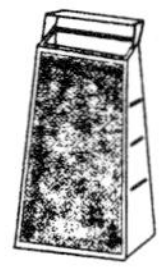

MERKE: Hier spricht man sp !

lispeln   wispern   knuspern

3)

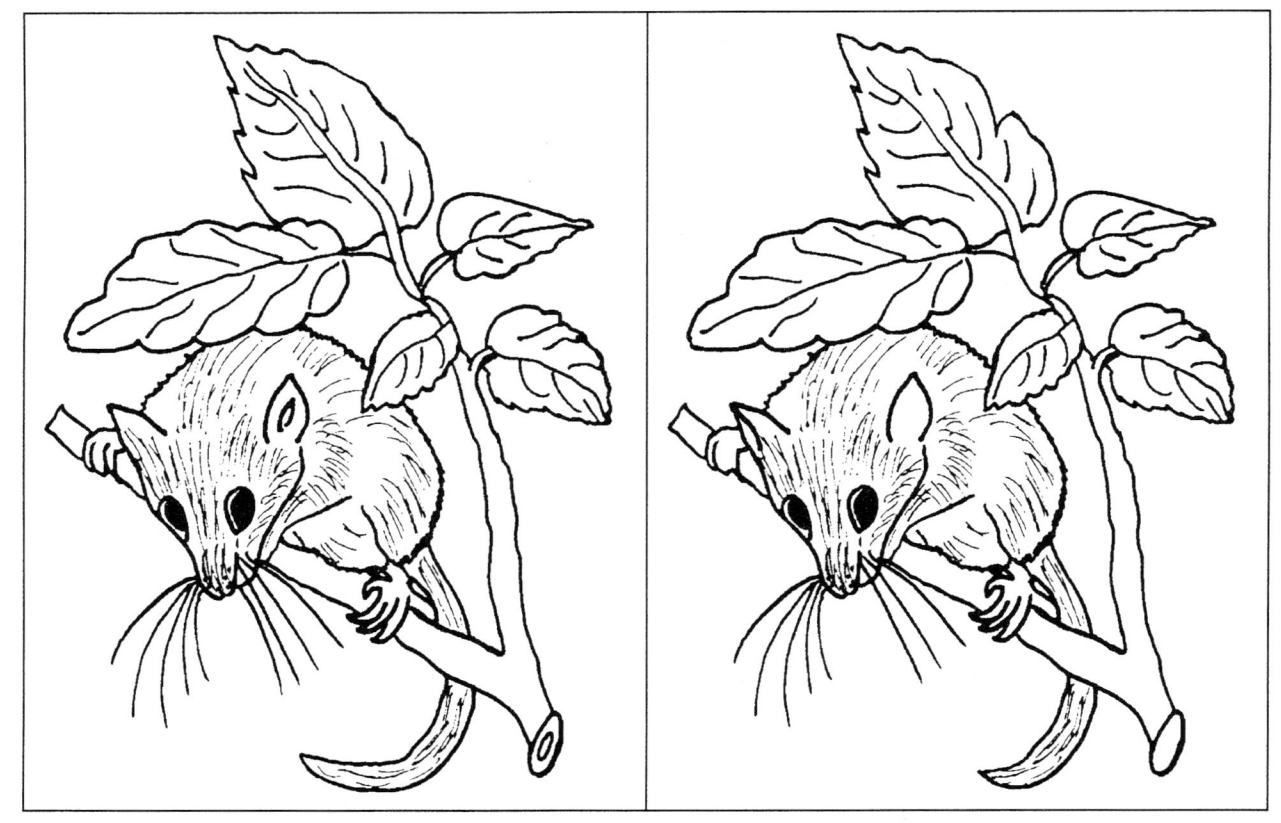

1.) St/st schreiben
2.) Wörter bilden, ins Heft schreiben
3.) Alle Felder mit st gelb anmalen, die anderen blau

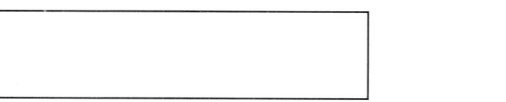

st

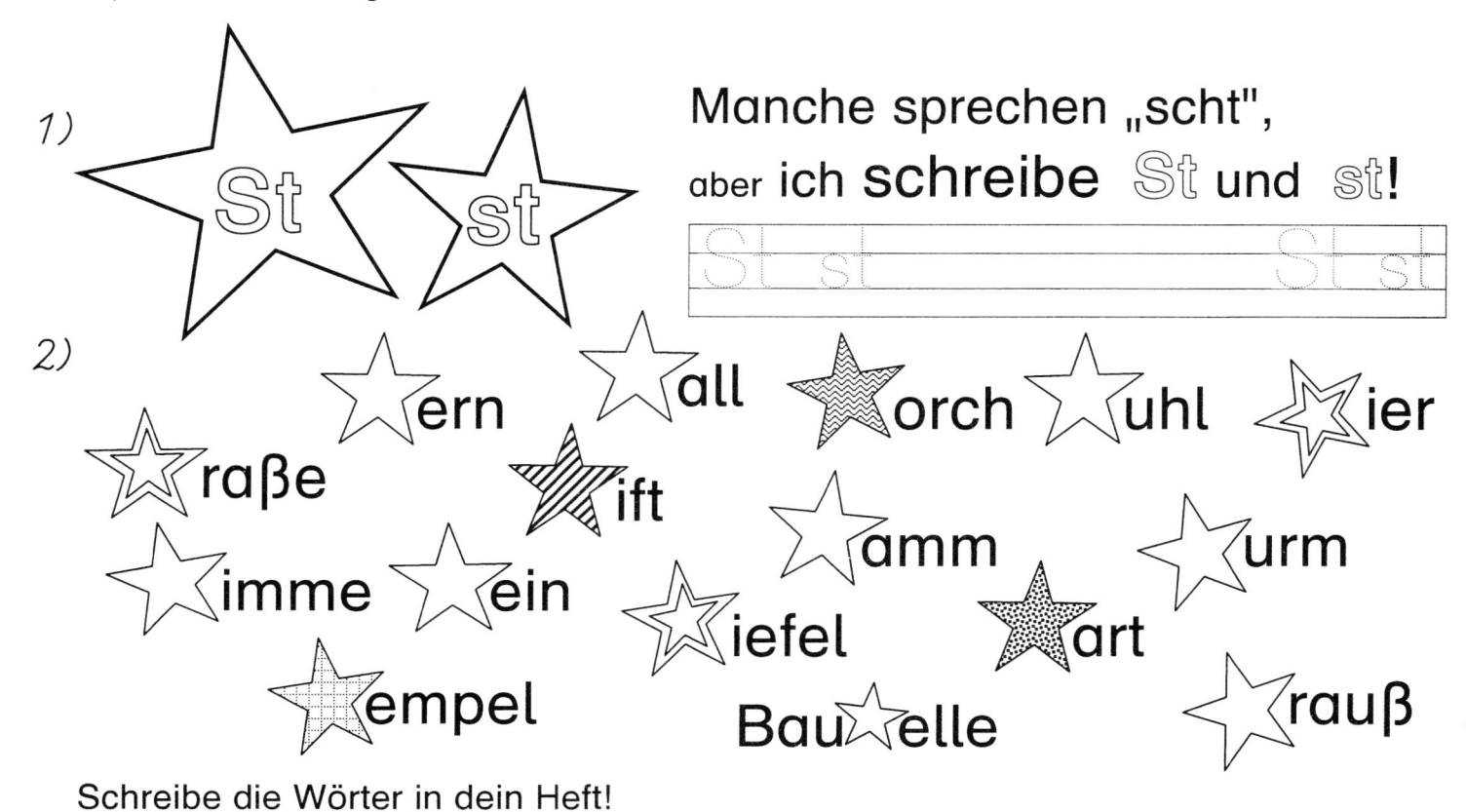

1) St st

Manche sprechen „scht",
aber ich **schreibe** St und st!

St st   St st

2) ✯ern ✯all ✯orch ✯uhl ✯ier
✯raße ✯ift ✯amm ✯urm
✯imme ✯ein ✯iefel ✯art
✯empel Bau✯elle ✯rauß

Schreibe die Wörter in dein Heft!

Jetzt hörst du das st genau!

La✯auto Ka✯en Dur✯ Wur✯ Re✯
Mi✯ Ba✯ Herb✯ A✯ Fe✯ Ne✯ Fen✯er

3) 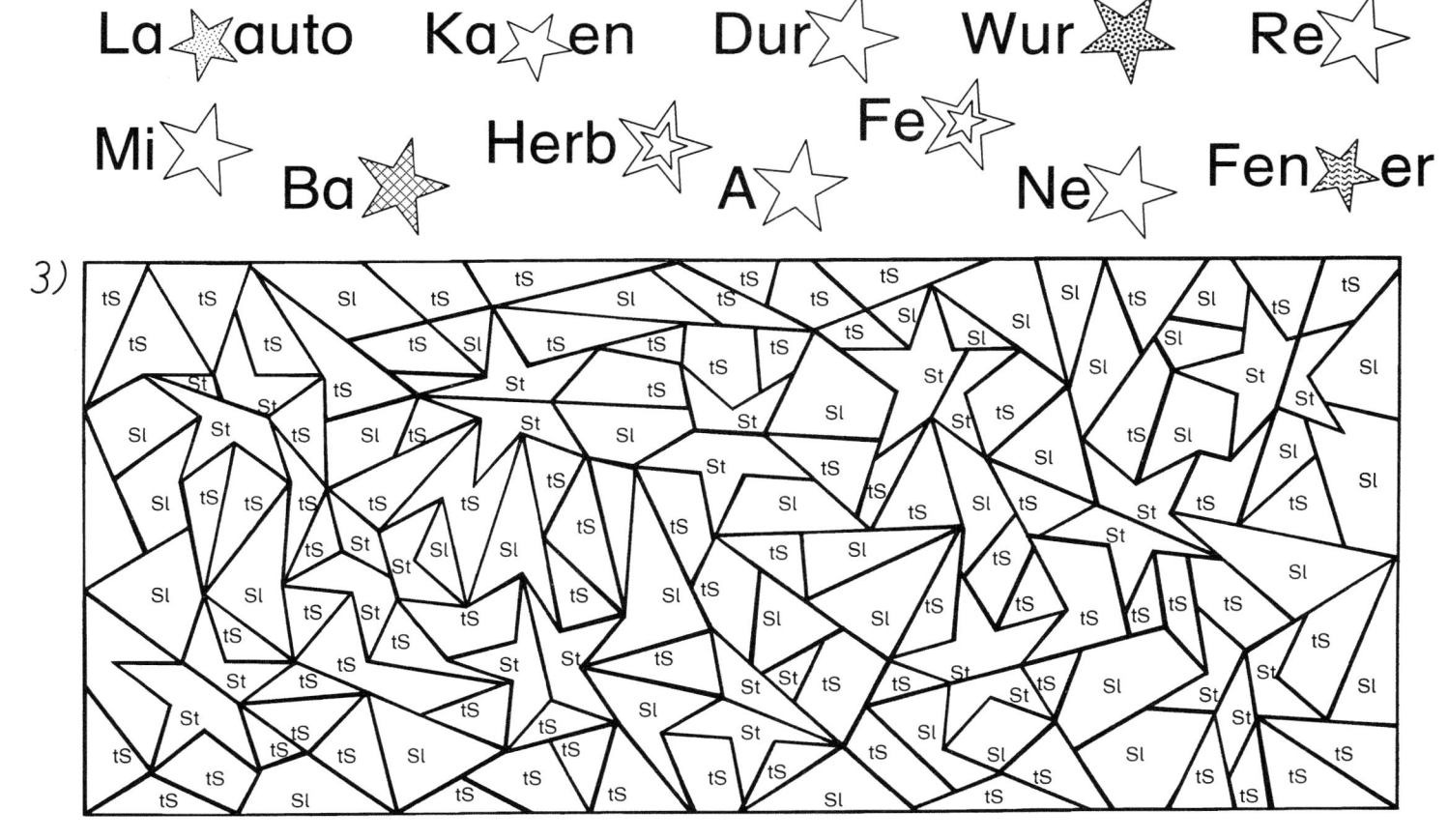 [Ausmalbild mit St / tS / Sl Feldern]

1.) passende Nomen und Verben einsetzen
2.) passenden Stern finden

st

1)

Der _____ _____ in der Garage.

Der Bauer _____ seinen _____ mit grüner Farbe an.

Der Wind _____ im _____ die Blätter von den Bäumen.

Lisa _____ an Weihnachten einen goldenen _____ .

Das Kind _____ das kuschelige Fell vom jungen _____ .

Wenn du das alles richtig gemacht hast, _____ du ein _____ .

| Herbst | Stier | steht | bastelt | Spitzenschüler | streicht |
| pustet | streichelt | Lastwagen | Stern | bist | Stall |

2)

142

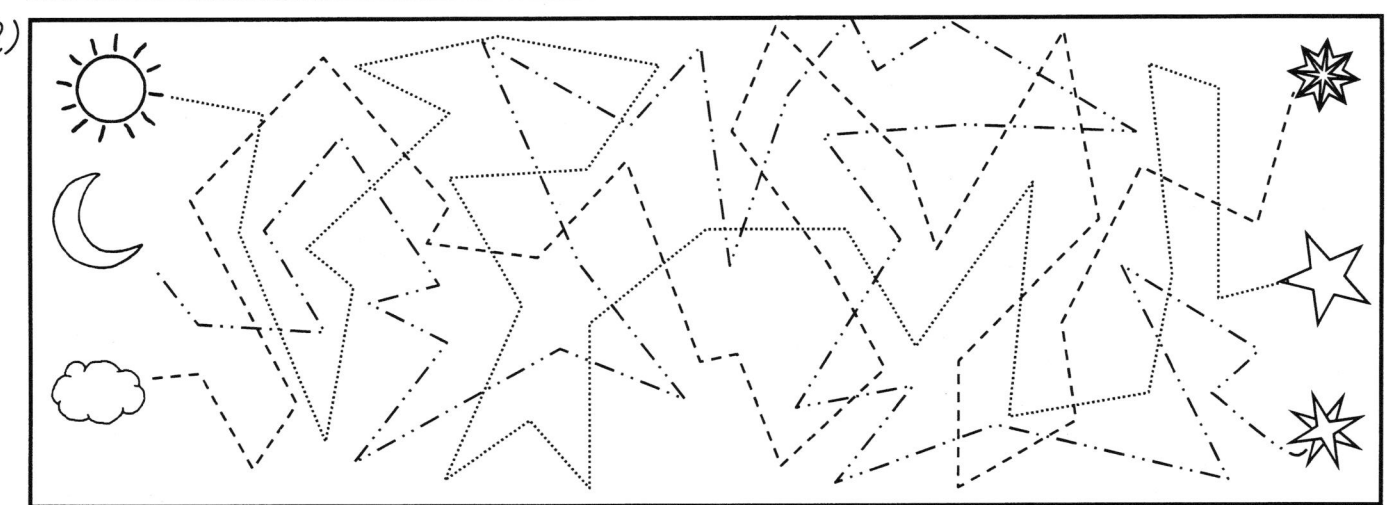

1.) **tz** nachfahren, lesen
2.) lesen, verändern, schreiben
3.) erzählen, schreiben

tz

1)

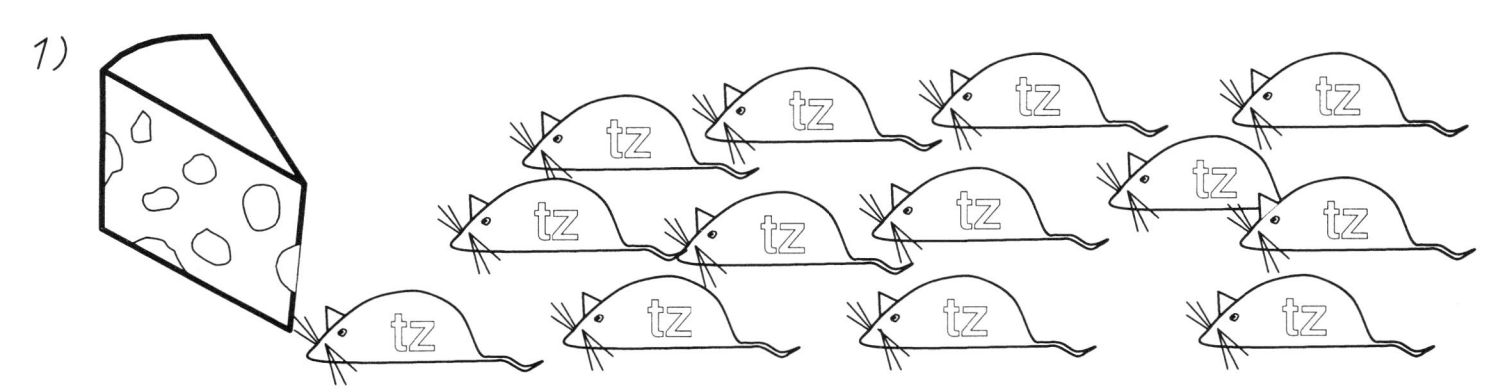

Ritze - ratze, ritze - ratze,
was ist das für ein Gekratze?
Ist das Nachbars Miezekatze -
mit der scharfen Krallentatze?

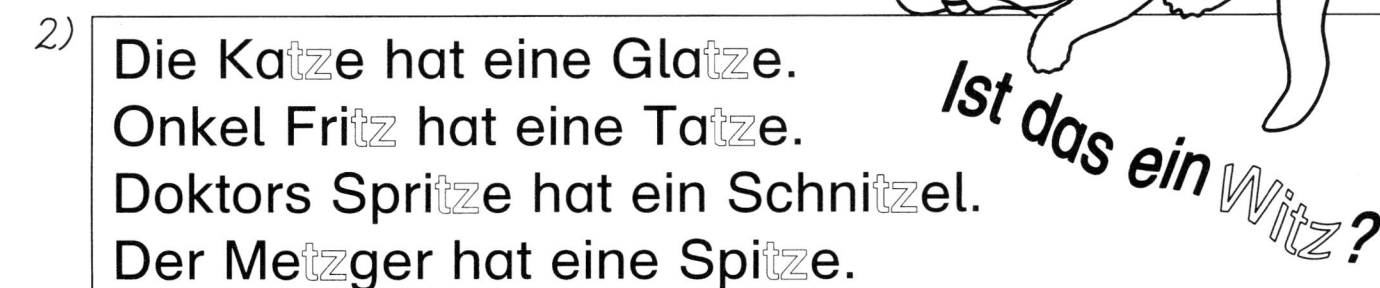

2) Die Katze hat eine Glatze.
Onkel Fritz hat eine Tatze.
Doktors Spritze hat ein Schnitzel.
Der Metzger hat eine Spitze.

Ist das ein Witz?

3)

1. 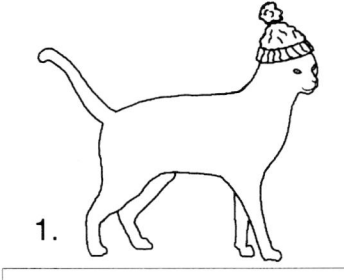   2.    3.

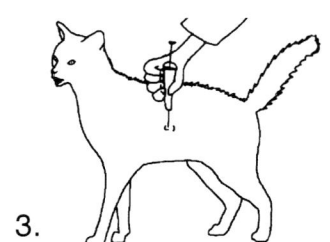

1.) lesen, falsche Wörter durchstreichen
2.) lesen, auswendig lernen
3.) Wie kommt die Maus zur Katze?
4.) Lücken füllen, Reimwörter schreiben

tz

1)

Blitz	Hitze	Pfütze	Batze	Spitzer	Satz
Katze	Glatze	Zutz	Spitze	Latz	Witz
Schatz	Tatze	Spatz	Netz	Mütze	Stitze
Spritze	Dutze	Schütze	Fratze	Matratze	

2) Ritzel - ratzel - futzel - fitzel,

was ist das nur für ein Gekritzel?

Ist das etwa Nachbars Fritz,

der niemals seinen Bleistift spitzt?

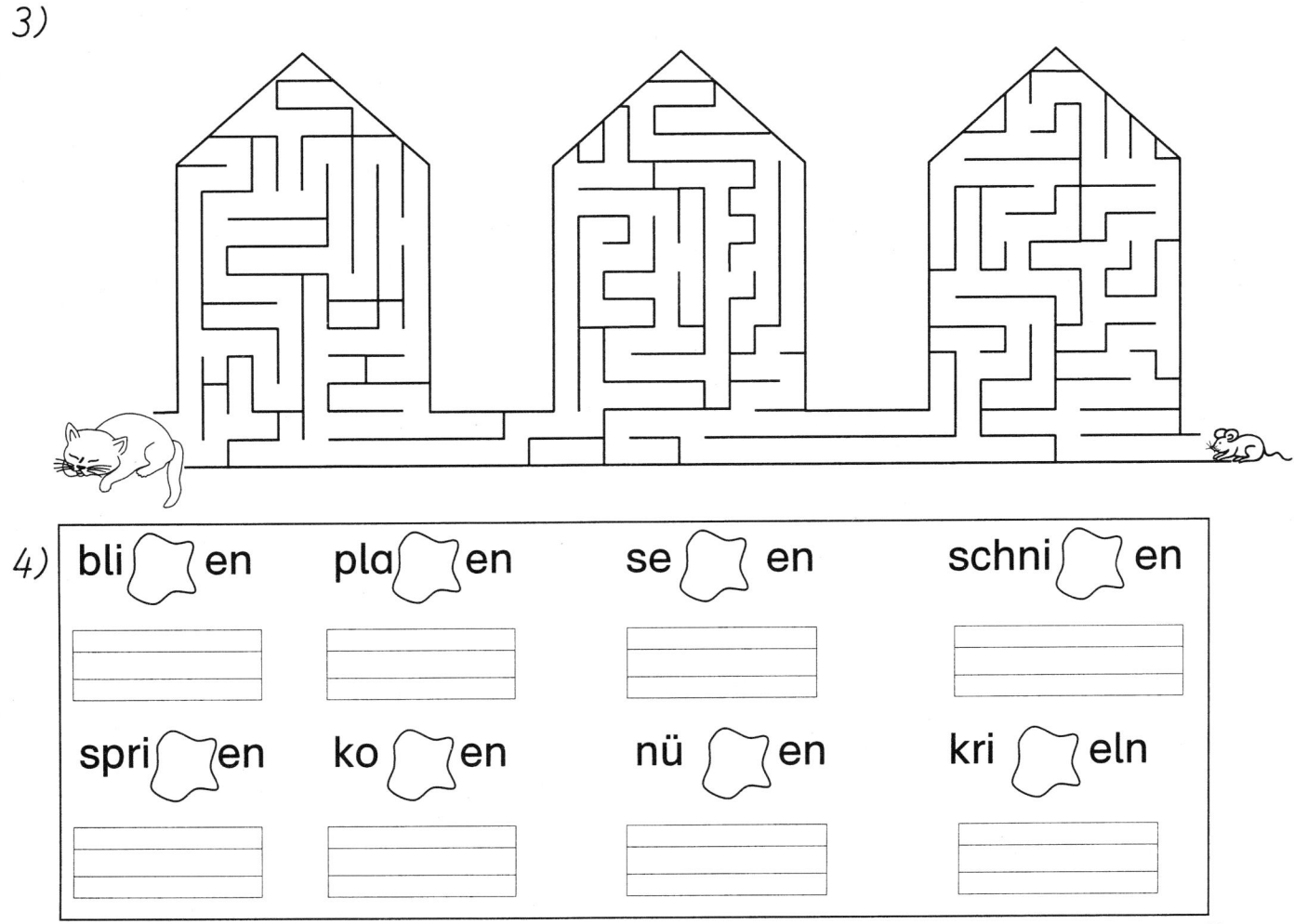

3)

4)
bli___en   pla___en   se___en   schni___en

spri___en   ko___en   nü___en   kri___eln

stützen spitzen flitzen kitzeln schwitzen kratzen wetzen

Kennst du das Alphabet ???

??? Weißt du wie es geht?

"ABC - die Katz lief in den Schnee..."

"NEIN! SO nicht !!!"

ABC

A	B	C											

Ordne nach dem Alphabet (ABC):

A			
B			
C			

Jacke   Vogel
Lasso   Yak
Sonne   Wolle   Affe
Maus
Gabel   Dino   Qualle
Ohr   Hut
Puppe   Zahn
     Ufo
   Käfer   Nuss
Esel   Tor   Clown
Roller Igel
    Fisch   Xylophon
Ball

ABCDEFGHIJKLMNOPQuRSTUVWXYZ

Spaß am Lesen und Rechnen von Anfang an!

Bergedorfer® Topaktuelle Unterrichtsideen und Kopiervorlagen

Katharina Müller-Wagner/
Katja Hönisch-Krieg/Beate Bosse

Buchstabenwerkstatt
Lese- und Schreiblehrgang zur Einführung des Alphabets

Grundband
156 Seiten, DIN A4, kart.
Best.-Nr. **3840**

Materialband 1
130 Seiten, DIN A4, kart.
Best.-Nr. **3841**

Materialband 2
136 Seiten, DIN A4, kart.
Best.-Nr. **3842**

Materialband 3
148 Seiten, DIN A4, kart.
Best.-Nr. **3843**

Ein wahres Vergnügen für kleine Abc-Schützen! Der Lehrgang besteht aus dem **Grundband** mit speziell entwickelter Anlauttabelle, Geschichten und Arbeitsblättern zur Einführung aller Buchstaben sowie **drei Materialbänden.** Sie beinhalten weiterführendes Arbeits- und Übungsmaterial für jeden Buchstaben zur systematischen Festigung des Lernstoffs. Selbsttätigkeit und Handlungsorientierung werden hierbei groß geschrieben!

Das Gesamtwerk im Überblick:

Grundband: Anlauttabelle, Buchstabenformen mit Merkversen, Geschichten und Arbeitsblätter zur Einführung aller Buchstaben

Materialbände: weiterführendes Arbeits- und Übungsmaterial

Materialband 1: M/m, A/a, L/l, I/i, T/t, O/o, S/s, E/e, R/r, U/u, D/d

Materialband 2: N/n, B/b, H/h, F/f, W/w, Z/z, K/k, P/p, Ch/ch

Materialband 3: G/g, Sch/sch, J/j, Au/au, Ei/ei, Eu/eu, V/v, Ü/ü, Ä/ä, Ö/ö, C/c, Qu/qu, X/x, Y/y, Äu/äu, ie, ß, ng/nk, ck, Sp/sp, St/st, tz

Andrea Busjaeger/Ulrike Marx/
Gabriele Steffen

Rechnenlernen mit Hand und Fuß

Mappe 1, Zahlenraum 0–9
84 Kopiervorlagen, DIN A4 Best.-Nr. **2458**

Mappe 2, Zahlenraum 10–20
86 Kopiervorlagen, DIN A4 Best.-Nr. **2459**

Mappe 3, Materialien zur Differenzierung und Förderung Zahlenraum 0–20
66 Kopiervorlagen, DIN A4 Best.-Nr. **2460**

Hinweise für den Unterricht
102 Seiten, DIN A4, kart. Best.-Nr. **2461**

Mit diesem brandneuen Rechenlehrgang erfassen die Schüler/-innen den Zahlenraum von 0 bis 20 mit allen Sinnen. Die Kinder lernen handelnd an verschiedenen Stationen (Tasten, Bauen, Spielen, Gleichgewicht usw.).
Mit dem kleinen **Fuchs Felix**, der die Schülerinnen und Schüler in das Reich der Zahlen begleitet, lernen die Kinder mit Spaß und Spiel die ersten Zahlen, Rechenzeichen und Rechenoperationen kennen und verstehen.
Die Materialien eignen sich besonders für den Einsatz in der Grundschule, in Integrationsklassen und zur gezielten Förderung von Kindern mit Rechenschwierigkeiten.

Bestellcoupon

Ja, bitte senden Sie mir/uns mit Rechnung

___ Expl. _____ Best.-Nr. _____

___ Expl. _____ Best.-Nr. _____

___ Expl. _____ Best.-Nr. _____

___ Expl. _____ Best.-Nr. _____

☐ Ja, bitte schicken Sie mir kostenlos Ihren aktuellen Gesamtkatalog zu.

Bestellen Sie bequem rund um die Uhr!
Telefon: 0 41 63/81 40 40
Fax: 0 41 63/81 40 50
E-Mail: info@persen.de

Bitte kopieren und einsenden an:

**Persen Verlag GmbH
Postfach 260
D-21637 Horneburg**

Meine Anschrift lautet:

_____
Name/Vorname

_____
Straße

_____
PLZ/Ort

_____
Datum/Unterschrift

_____
E-Mail

Deutsch üben – leicht gemacht!

Bergedorfer® Topaktuelle Kopiervorlagen und Unterrichtsideen

Tanja Schnagl/Franz Plötz
Bildwörter helfen mir beim Rechtschreiben
Grundwortschatz der 1. und 2. Klasse

114 Seiten, DIN A4, kartoniert
Best.-Nr. **3845**

Erfolg durch Lernen in Bildern! Die Hirnforschung hat gezeigt, dass die gleichzeitige Nutzung der linken und rechten Gehirnhälfte die Merkfähigkeit der Kinder verbessert. Diese Erkenntnis ist die Grundlage des Bandes.
Durch die bildliche Darstellung der „Signalbuchstaben" (z. B. h, ß, ai, ee) können sich die Schülerinnen und Schüler die schwierigen Schreibungen leichter merken.
Die abwechslungsreichen Aufgaben auf der Rückseite der Bilder (Rätsel lösen, freies Schreiben, Zeichnen, Reimpaare bilden) eignen sich sowohl für den Frontalunterricht, können aber auch in Partner- und Gruppenarbeit, Freiarbeit oder als Hausaufgabe gelöst werden.

Hans-Georg Witzel
Wilhelm-Busch-Lesetexte

110 Seiten, DIN A4, kart.
Best.-Nr. **3848**

Lesen soll Spaß machen – gerade in einer Zeit, wo Computer und Fernseher immer weiter auf dem Vormarsch sind!
Der Deutschunterricht muss sich dieser Herausforderung stellen und gezielt mit Witz und pfiffigen Ideen das Leseinteresse und die Lesebereitschaft der Kinder wecken und fördern. Mit Hilfe der amüsanten „Comics" von Wilhelm Busch gelingt dies spielend!
Dieses Buch eignet sich besonders für den differenzierenden Unterricht in der Grund- und Förderschule vom 2.–4. Schuljahr.

Joachim Borchers
Rund ums Wort
Einfache Übungen zur Sprachbetrachtung
59 Kopiervorlagen, DIN A4
Best.-Nr. **2456**

Sprache untersuchen – Gesetzmäßigkeiten und Zusammenhänge erkennen! Mit diesen Arbeitsblättern werden die verschiedenen Wortarten anschaulich und ausführlich erarbeitet.
Die mit vielen kindgemäßen Grafiken liebevoll gestalteten Kopiervorlagen unterstützen dabei das Verständnis der Schülerinnen und Schüler.
Diese Übungen zur Sprachbetrachtung machen auch lernschwachen Kindern den Einstieg in die grammatischen Grundbegriffe leicht. Sie gewinnen einen Einblick, wie Sprache „funktioniert" und wie man sie richtig anwendet.

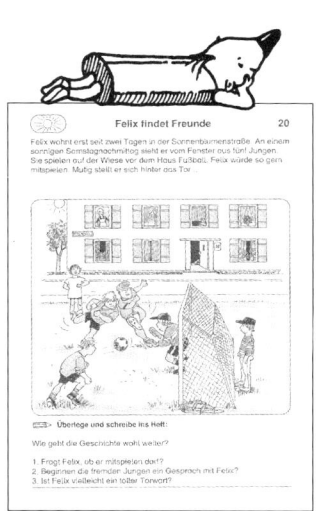

Felix findet Freunde

Birgit Holzer
Lese-, Mal- und Schreibgeschichten im Jahreslauf
1./2. Schuljahr
50 Kopiervorlagen, DIN A4
Best.-Nr. **2294**

Ermutigen Sie Ihre Abc-Schützen zum kreativen Umgang mit der Sprache! Die in dieser Mappe vorliegenden Bildszenen mit kindgerechten, kurzen Texten motivieren dazu, sich intensiv mit Schrift und Bild auseinander zu setzen. Liebevoll illustrierte Arbeitsblätter zu jeder Jahreszeit halten die Lesefreude und den Lerneifer der Schüler/-innen wach.

Bestellcoupon

Ja, bitte senden Sie mir/uns mit Rechnung

____ Expl. _____ Best.-Nr. _____

____ Expl. _____ Best.-Nr. _____

____ Expl. _____ Best.-Nr. _____

____ Expl. _____ Best.-Nr. _____

☐ Ja, bitte schicken Sie mir kostenlos Ihren aktuellen Gesamtkatalog zu.

Bestellen Sie bequem rund um die Uhr!
Telefon: 04163/81 40 40
Fax: 04163/81 40 50
E-Mail: info@persen.de

Bitte kopieren und einsenden an:

**Persen Verlag GmbH
Postfach 260
D-21637 Horneburg**

Meine Anschrift lautet:

_____
Name/Vorname

_____
Straße

_____
PLZ/Ort

_____
Datum/Unterschrift

_____
E-Mail

Sprache und Literatur neu entdecken!

Bergedorfer® Topaktuelle Kopiervorlagen und Unterrichtsideen

Lily Gleuwitz/Kerstin Martin

Täglich 5 Minuten Sprachförderung

1./2. Schuljahr
62 Seiten, DIN A4, kartoniert
Best.-Nr. **3865**

In diesem Buch zeigen die Autorinnen, wie die Kinder mit kurzen, spielerischen Übungen, in denen Sprache häufig mit anderen Tätigkeiten verbunden wird, Spaß am Umgang mit der Sprache gewinnen können.
So wird spielerisch das Sprachverständnis entwickelt und der Wortschatz vergrößert, grammatische Strukturen werden gefestigt, die Aussprache und die Wahrnehmung für Gesprochenes verbessert sich und das Gedächtnis wird trainiert – also kurz: Die Sprachkompetenz der Kinder wird erweitert.

Gabriele Hajek/Dieter Hajek

Tiergeschichten zum Lesen, Malen und Rätseln

54 Kopiervorlagen, DIN A4
Best.-Nr. **2495**

Fantasievolle, wunderschön illustrierte Tiergeschichten führen die Schüler/-innen mit dieser Mappe durch das Alphabet.
Ob Dagobert Drache es schafft, seine Angst vor Spinnen zu überwinden, oder Isidor Igel aus seiner misslichen Lage im Kellerschacht gerettet wird, all das erfahren die Kinder bei dieser vergnüglichen Lektüre. Die Rätselblätter zu jedem Buchstaben des Alphabets sind vielseitig gestaltet und enthalten ebenfalls zahlreiche lustige Tierabbildungen des bekannten Zeichners **Dieter Hajek**.

Jana Steinmaier

Jetzt kann ich die VA!

Übungen systematisch und differenziert
80 Seiten, DIN A4, kartoniert
Best.-Nr. **3839**

Motiviertes Schreibschriftüben!
Anhand ästhetisch schön gestalteter Seiten mit frischen, differenzierten Texten entwickeln die Schüler/-innen eine gut lesbare und flüssige Schrift. Auf jeder Seite werden zusätzliche Übungen angeboten. Sie lernen darüberhinaus schriftliche Arbeiten zu gestalten, z. B. Einladungen zu schreiben, Aufkleber und Briefumschläge zu beschriften, mit Schrift zu gestalten, Texte zu verbessern u. v. m.

Bestellcoupon

Ja, bitte senden Sie mir/uns mit Rechnung

____ Expl. _____ Best.-Nr. _____

____ Expl. _____ Best.-Nr. _____

____ Expl. _____ Best.-Nr. _____

☐ Ja, bitte schicken Sie mir kostenlos Ihren aktuellen Gesamtkatalog zu.

Bestellen Sie bequem rund um die Uhr!
Telefon: 0 41 63/81 40 40
Fax: 0 41 63/81 40 50
E-Mail: info@persen.de

Bitte kopieren und einsenden an:

**Persen Verlag GmbH
Postfach 2 60
D-21637 Horneburg**

Meine Anschrift lautet:

_____
Name/Vorname

_____
Straße

_____
PLZ/Ort

_____
Datum/Unterschrift

_____
E-Mail